D0627948

GUERISON

DANS

LE NOUVEL AGE

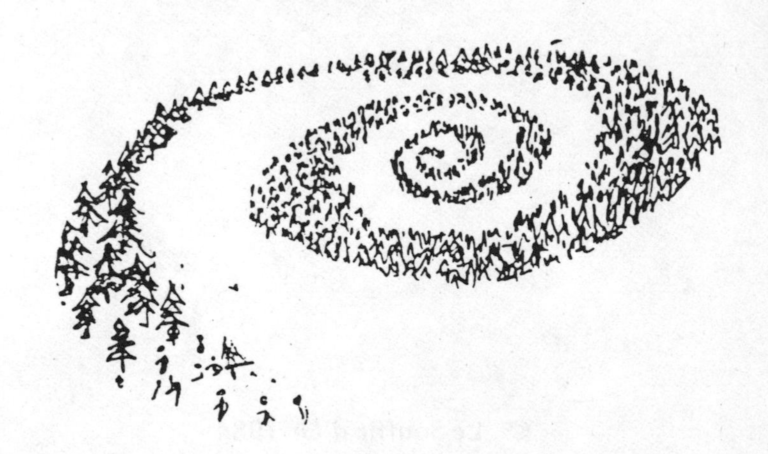

ISBN Le Souffle d'Or : 2 - 904670 - 13 - 0

Le Souffle d'Or
Yves Michel
B.P. 3
05300 BARRET-LE-BAS

Renée-Pascale PROVOST

GUERISON DANS LE NOUVEL AGE

Le Souffle d'Or

SOMMAIRE

I – CONNAISSANCE ET TECHNIQUES

II – MALADIES ET THÉRAPIES

III – RÉFLEXIONS ET MÉDITATIONS

Renée -Pascale PROVOST

L'auteur a consacré sa vie à l'écoute attentive et à l'aide compréhensive aux autres. Sa connaissance des Caractères, Tempéraments et Personnalités humaines, est née essentiellement de sa recherche des valeurs de l'âme. Son goût pour les études et sa perception de la Lumière spirituelle, ont été des leviers puissants.

Psychologue, graphologue, sophrologue diplômée, etc., astrologue dans le domaine ésotérique, animatrice de l'Association « Lumière et Connaissance », elle a déjà publié aux Éditions PRIVAT (Collection le Méridien) de Toulouse, « Le Chemin de Lumière » et « Les Grandes Religions d'hier à demain ».

D'autres ouvrages sont en préparation.

INTRODUCTION

DE LA SCIENCE A LA CONSCIENCE

« Les maladies planent sans cesse au-dessus de nous avec leurs graines emportées par le vent, mais elles ne germent pas, à moins que le terrain ne leur soit favorable », disait Claude BERNARD, célèbre physiologiste français du siècle dernier. Après avoir été considéré comme un génie, il est maintenant très contesté.

Dans un dictionnaire courant, à MALADIE, nous apprenons que ce mot est tiré du latin (mate habitus, mauvaise habitude), « d'où altération de la santé par une attitude contraire au bien, l'effet étant un état restrictif, mal accepté ».

PASTEUR, qui s'illustra dans la biologie, avait compris le sens du mot maladie. Lorsqu'il fut reçu à l'Académie Française, dans un discours d'entrée, il cita plusieurs religions, (ceci afin de n'en favoriser aucune), comprenant l'aspect de guérison. Il souligna alors, qu'il existe chez les êtres humains « quelque chose qui les relie à l'Univers », puis il parla du Dieu intérieur (en-théos - mot grec) se traduisant par : « l'enthousiasme qui veut que l'on se consacre à la divinité ». Qu'a-ton fait de cela ?

Plus près de nous, René DUBOS, grand chercheur contemporain, considéré dans ce domaine comme le catalyseur de la pensée du Nouvel Age, dit que la médecine doit maintenant se tourner vers « une science de la Conscience », pas dans le sens psychanalytique, mais dans celui des Bouddhistes tibétains. Et il propose selon les « Actes du Congrès de Cordoue », de commencer par la conscience de l'électron, pour aborder les « deux lectures nécessaires, afin d'approcher vraiment l'Univers ». Alice A. BAILEY a publié en 1957 un livre : « La Conscience de l'Atome » qui préfaçait cette démarche.

La médecine s'est cristallisée sur l'aspect expérimental des phénomènes, ceci d'une manière statique et trop spécifique. Un mouvement tend de plus en plus vers une médecine intégrale et d'autres formes de guérison. Elles s'adressent à « l'être humain total » qui doit d'abord apprendre à vivre en harmonie sur tous les plans auxquels il appartient : physique, émotionnel, mental et spirituel.

La démarche consiste à *accepter* la maladie afin d'en comprendre le message (que toujours elle contient), puis, à agir au mieux pour retrouver l'équilibre et la joie nécessaires, afin de réussir l'expérience terrestre et lui donner un sens.

La Guérison Ésotérique s'intéresse en particulier aux forces humaines et aux énergies cosmiques. Elles se rencontrent en l'homme, créant ainsi, en fonction de l'évolution permanente, l'équilibre appelé santé, ou le déséquilibre nommé maladie. L'ensemble repose sur des vibrations et des cycles, agissant en spirales montantes.

Périodiquement, la rencontre de la *force négative* physique, de type inférieur mais nécessaire, avec *l'énergie positive* supérieure, de type spirituel, base de toute vie qui s'exprime à travers différents niveaux de Conscience, *doit créer la lumière* naissant de l'équilibre.

Et cette lumière contient la possibilité d'harmonie, donc de santé parce qu'elle éclaire intuitivement « la réalité de la vie ». Son expression, à travers la Conscience de l'homme, l'amène alors à faire des choix orientés vers le BIEN commun. Telle est l'attitude juste, elle fut proposée à l'homme à travers tous les temps.

Aujourd'hui la Science et la Connaissance peuvent et doivent s'allier dans une rencontre claire, afin d'amener la GUÉRISON de l'individu, mais aussi et d'abord du premier ensemble, ou Centre de vie auquel il appartient, appelé Humanité. La démarche doit donc être à la fois collective et personnelle, dans la compréhension des forces et des énergies.

Et ceci passe par l'apprentissage de la LUMIERE éclairant la constitution de l'homme, avec les Centres et les vies qui l'animent.

L'HOMME ET SA CONSTITUTION

L'homme, dans son corps physique est une totalité, une unité. Il est ensuite divisé en parties et organes divers, nous le savons. Pourtant ces nombreuses subdivisions doivent fonctionner à l'unisson : le corps est un ensemble, mais chacune de ses parties diffère quant à leur forme et à leur activité ; néanmoins, elles sont toutes solidaires.

Chaque parcelle de ce corps, de même que chaque organe, est à son tour composé de cellules, de molécules et d'atomes, lesquels sont maintenus dans la forme humaine par la vie déjà collective de cet ensemble.

L'homme, extérieurement, est d'abord divisé en cinq parties, certaines sont plus importantes que d'autres, mais le tout rend complet cet organisme vivant que nous appelons un être humain. L'un des symboles est là, le PENTAGRAMME, ou étoile à cinq branches : il comprend :

- la tête, élément majeur
- la partie du torse située au-dessus
- celle située au-dessous du diaphragme
- les deux bras
- les deux jambes.

Ces diverses parties et les organes servent à des desseins variés. Le confort et le bien-être de l'ensemble, dépend du bon fonctionnement et de l'ajustement correct du tout qui s'exprime à travers la personnalité.

Chacune de ces parties a sa vie propre, elle-même étant la somme des vies composant ses structures atomiques. Le tout se trouve animé par la vie unifiée de l'ensemble dirigé depuis la tête, par l'emploi de l'activité intelligente, avec l'apport de l'énergie transmise par l'âme venant de l'Esprit : la Monade incarnante pour un être humain.

La triplicité, tête, torse supérieur, torse inférieur, est majeure : un homme peut fonctionner et même vivre sans bras ni jambes. Chacune de ces parties est également triple, assurant ainsi l'homologie des trois parties toujours présentes dans la nature humaine ; ceci est un reflet de la vie parfaite de cette Monade incarnante dont le chiffre, là, est celui de l'initiation : le neuf (trois fois trois). Synthèse et unité, telle est l'expression divine d'où nous sommes issus et vers laquelle nous retournons, après avoir joué notre rôle de rédempteur dans le corps du Logos planétaire. C'est là où nous sommes tous, où nous avons la vie, le mouvement et l'Etre spirituel.

Dans la tête se trouve essentiellement cet aspect spirituel, avec:

1. les cinq ventricules nommés globalement cerveau, en tant qu'organisme unifié comprenant aussi deux hémisphères, le droit et le gauche (vie intérieure, vie extérieure)

2. les trois glandes endocrines qui forment un triangle créant un chenal de communication pour l'âme, l'aspect du psychisme supérieur. Ce sont l'hypophyse, l'épiphyse, et altamajor, (connue seulement en ésotérisme, elle relie mœlle épinière et cerveau)

3. les deux yeux, le gauche exprimant la personnalité, le droit, l'âme, et le regard, la Monade (l'Unité).

Dans le torse supérieur, il y a la triple nature de l'âme :

1. la gorge et la parole avec son aspect créateur

2. les poumons, la respiration et le souffle de vie

3. le cœur, organe musculaire, au moyen duquel le sang est envoyé partout dans le corps par l'ensemble du système circulatoire.
   Le sang entretient la vie physique.

Dans le torse inférieur, nous trouvons :

1. la rate et la vitalité, avec l'assimilation du prana solaire

2. l'estomac, pour la digestion des aliments et le plexus solaire appelé « l'échangeur » (entre ce qui est supérieur et ce qui est inférieur)

3. les organes sexuels, pour la reproduction de l'espèce humaine, essentiellement.

La totalité du corps est également triple, elle comprend :

1. l'épiderme et le système osseux ; ils représentent la forme

2. le système vasculaire ou sanguin, qui est partout comme l'âme, et sert de lien entre le corps et l'Esprit

3. le triple système nerveux comprenant le sympathique (dit végétatif), le périphérique sensitif (avec les cinq sens), et le cérébro-spinal (cerveau - mœlle épinière).

Chacune de ces triplicités correspond aux trois parties fondamentales de l'être humain que sont le corps, l'âme et l'Esprit.

Nous allons nous intéresser aux trois corps de l'homme, le physique-éthérique, l'astral-émotionnel-affectif, et le mental inférieur-supérieur, avec les causes de leurs maladies respectives.

La guérison est d'abord essentiellement collective, elle concerne l'Humanité, ensuite elle peut être individuelle. Il y a la thérapie par les sons, un autre aspect par les couleurs, et aussi, comment guérir avec les mains et le Mental, sans oublier les Mantrams.

Enfin et surtout, nous nous efforcerons de réaliser l'unité dans le groupe de travail, autour du Maître Tibétain, Djwal Khul, notre instructeur. Il nous demande d'accepter les résultats obtenus, en demeurant détachés. Ceci amène à se décentraliser, dans la réelle compréhension des Énergies utilisées. Elles sont là, c'est à vous de les transmettre.

* * *

« Il n'y a rien d'autre que de l'Énergie, car Dieu est Vie. Le conflit entre ces Énergies et les forces de l'homme produit toutes les maladies, infirmités et souffrances corporelles qui cherchent une délivrance ».

D.K.

MÉDITATION

COMMENT SE SITUER

Mettez-vous en position d'équilibre, le dos doit être droit sans raideur, les épaules et les machoires relâchées, la tête très légèrement inclinée en avant, les yeux clos et les paupières souples. C'est la position parfaite, dite « de recueillement ». Se recueillir, selon le dictionnaire, c'est se « retirer en soi, rassembler ce qui est dispersé, et l'amener dans une réflexion profonde pour méditer avant d'œuvrer. »

Commencez à contrôler votre respiration, elle est profonde, elle est lente, elle est calme, ou doit le devenir. Harmonisez-vous avec elle et oubliez cela.

Maintenant vous allez prendre conscience de vos divers corps afin de les connaître mieux et de les mettre, l'un après l'autre, dans une position correcte ; vous allez pouvoir les dépasser, parce qu'ils seront correctement alignés et qu'ainsi les forces qui les animent se coordonneront bien.

Voyons d'abord le corps physique, contrôlez encore sa position, ainsi que sa détente nerveuse et musculaire, puis les lents battements de votre cœur, ce muscle agissant sans cesse et qui entretient la circulation sanguine. L'un des rôles du sang consiste à transporter un des aspects de la vitalité, utilisé par le corps physique. Écoutez encore votre respiration, elle doit être plus calme, plus tranquille et très régulière ; puis, essayez de percevoir le travail subtil effectué par vos glandes endocrines. Tout ceci est sous le contrôle naturel de votre subconscient ; il établit les diverses coordinations sans intervenir, et, les fonctions des organes physiques passent ainsi en-dessous du seuil de conscience. Le subconscient entretient la vie de l'automate physique ; c'est lui qui exprime l'état appelé : maladie.

Vous allez maintenant prendre réellement conscience du corps éthérique, double exact et énergétique du physique dont il est « l'archétype », c'est-à-dire le modèle primitif idéal, « l'image du Bien » selon Platon. Dans la Bible on le nomme : « le Bol d'Or ». Il est le double positif du système nerveux, négatif, comme tout ce qui est d'ordre physique. Constitué comme un réseau serré ou un fin grillage, c'est à travers lui que circulent sans cesse énergies et forces vitales. De plus, il établit la relation avec le corps éthérique planétaire par les sept chakras, les sept centres de vie, situés : cinq dans le dos et deux dans la tête. Sentez que les forces qui naissent en vous, par la rencontre des Énergies de l'Univers et de votre propre constitution, se mettent dans un état d'harmonie. Ainsi l'âme, ce lien nécessaire entre l'Esprit et la matière, peut déverser en lui sa Lumière et ainsi clarifier ce corps, éliminant blocages, zones d'ombres, ou voiles opaques gênant la libre et permanente circulation de ses courants curatifs.

Votre conscience se dirige de plus en plus vers le centre de votre être et aborde le corps astral. C'est un monde souvent agité, plein de remous créés par vos émotions et vos sentiments. C'est là que naissent tous vos désirs, sources majeures de conflits et d'insatisfactions, donc de douleurs. Il y a ce que vous êtes et possédez, et ce que vous voudriez être ou avoir. Les désirs sont placés dans un futur hypothétique, vers lequel vous vous « tendez », souvent mal et négativement. Il faut vivre seulement « ici et maintenant » avec, en soi, la gratitude d'être, en pensant à ce qui est déjà acquis et positif, à partager toujours.

L'aspiration à la libération des mirages et des illusions, dont nous sommes tous victimes pendant longtemps, permet d'établir le calme nécessaire et l'acceptation de notre lot présent, en comprenant qu'il est le résultat de nos actions passées et du Karma. L'imagination jaillit là, elle doit devenir créatrice, progresser vers l'intérieur et atteindre le mental, monde de pensées trop souvent confuses, chaotiques ou mal orientées.

Le savoir n'est pas la connaissance et le mental, par nature séparatif, doit être discipliné. Les pensées intellectuelles ou autres sont souvent obsédantes et il faut décider d'arrêter ce ma-

nège qui tourne sans cesse, ce cinéma permanent. Tout commence par l'apprentissage du « silence intérieur » et de la disponibilité ; ces derniers conduisent vers l'Unité à atteindre au centre, en reliant le cœur et la tête.

Le mental se situe dans le cerveau ; il y a là, un point de concentration tranquille et de direction juste à trouver. Décidez de regarder le plus souvent possible, non plus en bas et à l'extérieur, mais bien à l'intérieur et vers le Haut, afin d'atteindre « le recueillement nécessaire ».

La connaissance juste des corps qui constituent votre Personnalité, est une première démarche indispensable pour pouvoir aborder la guérison. Vous savez que si on ne met pas ordre et harmonie dans les diverses pièces de sa propre maison, on ne peut envisager d'y recevoir des hôtes, ou des énergies de qualité. Or elles sont nécessaires pour organiser un service correct, ouvert à l'apport des autres.

Cette première reconnaissance de vous-même se termine. Vous commencez à respirer profondément et à orienter votre pensée et votre conscience vers le monde extérieur. Quand vous le voudrez vous reprendrez une activité plus familière, moins subjective, et vous ouvrirez les yeux.

DE LA MAISON DE PIERRE A LA MAISON DE CHAIR

Imaginez le corps physique comme la forme d'une maison déjà construite, bien ou mal équipée. Si cette habitation n'est pas rattachée aux services publics par les divers branchements qui y apportent la vie, elle demeure isolée et difficilement habitable. Les maisons modernes sont actuellement reliées à divers réseaux : à celui de l'électricité pour la lumière, à ceux d'eau et de gaz apportant propreté et chaleur, ainsi qu'à celui du téléphone. Le téléphone, bien souvent, a deux installations distinctes, l'une apportant les messages ou informations venues de l'extérieur, l'autre reliant les pièces entre elles, à l'intérieur.

Cette comparaison est plus exacte qu'elle ne paraît l'être au premier abord. Considérez que la lumière symbolise l'âme, l'eau : les émotions, le gaz : la vitalité (ou chaleur) et les téléphones : les échanges de pensées avec la communication par la parole. Les sens sont les fenêtres, et les nerfs les agents de transmission, (fils ou câbles).

Aliments, livres et provisions diverses entrent dans la maison ; ce qui en sort est constitué surtout par les déchets indésirables, résidus des besoins, des désirs et exigeances des personnes physiques qui l'habitent. De plus, il faut penser à entretenir, à nettoyer correctement cette maison, afin qu'elle demeure toujours claire et accueillante. Il est aussi nécessaire de déboucher parfois les tuyauteries obstruées, de laver les vitres et d'entretenir les plantes, (elles poussent comme les cheveux ou les ongles).

Tout cela est admis et pratiqué couramment, alors que les mêmes soins ne sont pas encore accordés aux divers aspects de la personnalité. La façade, ce qu'on voit, l'aspect physique est sans doute soigné. Et le reste ? Qu'en est-il de la vitalité liée au contrôle des émotions et sentiments, des pensées et des paroles ? C'est la relation avec l'âme qui apporte la lumière, donc la vie, la vraie vie claire joyeuse et utile aux autres, à défaut de quoi elle est dénuée de son sens réel.

S'il est prodigué des soins analogues à l'entretien du logis et à celui du corps physique, les obstructions dans le réseau de la vitalité, les désordres hormonaux, sanguins ou nerveux, dûs aux pensées négatives et au manque de maîtrise de soi, (réelles sources de maladies) demeurent souvent mal connus. Ainsi la colère, les soucis nombreux et entretenus, l'irritabilité du caractère, affectent les fonctions de l'estomac, du pancréas, de la vésicule biliaire et de la vessie.

La tendance à critiquer, à détester violemment et même à haïr, produisent des acidités et des inflammations, sources de maladies diverses. Toutes ces attitudes fausses envers soi-même et envers les autres, sont très répandues aujourd'hui. Il est donc indispensable d'apprendre d'abord à ne pas nuire, puis à changer ce qui doit l'être dans son comportement, si l'on veut guérir de ses propres maux, ce qui est indispensable avant de pouvoir envisager de guérir les autres. Les maux naissent de ce que l'on nomme « des défauts » ou manque de qualités à combler.

La médecine connaît bien les symptômes extérieurs des maladies avec l'anatomie humaine ; la psychologie s'occupe surtout du comportement.

La psychologie ésotérique, elle, amène à comprendre les divers corps de l'homme, leur interrelation, et comment les développer harmonieusement. Elle a maintenant un rôle important et nécessaire, qui présente les aspects subtils de l'être humain s'exprimant à travers la conscience, avec le rôle de l'âme, lien de Lumière, d'Amour et de Vie.

L'astrologie ésotérique propose une connaissance de la personnalité par le signe solaire du Zodiaque, et aussi, la relation avec cette âme, par l'Ascendant, en comprenant la valeur des Énergies et des forces cosmiques. L'essentiel, *c'est la notion de qualité de la conscience,* son rapport avec la vitalité, et le rôle juste des émotions. Tout cela est présent en chacun de nous ; il s'agit de notre propre maison de chair et de ce qui l'anime.

Si l'hygiène corporelle est maintenant connue et répandue, il y a aussi :

– l'hygiène émotionnelle qui chasse les peurs absurdes, les craintes, les doutes toujours égocentrés, bloquant et obstruant la relation nécessaire entre le corps éthérique-vital et l'âme,

– l'hygiène mentale, entretenue par des pensées saines, pures, claires, c'est-à-dire positives et orientées spirituellement.

Ce contrôle constant fait naître en soi une vie calme et silencieuse, source de quiétude, de bien-être et de sérénité.

N'est-ce pas ce qu'il est souhaitable de trouver dans sa propre demeure, qu'elle soit de pierre, ou de chair ?

Pensez à cette comparaison, à ces analogies et décidez d'entreprendre un nettoyage sérieux des vieilles et mauvaises habitudes qui vous emprisonnent et vous empoisonnent. Il faut rechercher la liberté d'Etre et cette première prise de conscience, ouvre le canal direct aux Énergies apportant la guérison.

LA FORME ET L'IDÉE

La forme est l'enveloppe et surtout *« le modèle »* selon lequel l'âme de la nature s'exprime à travers un corps ; ceci, en fonction de l'espèce et de la qualité de la substance utilisée par l'âme ; *c'est l'âme qui sert de lien,* de liant, *pour exprimer et maintenir concrètement ce corps.* Cette substance est colorée par de petites vies, appelées, en ésotérisme, dévas ou élémentals sur les plans les plus inférieurs.

La forme répond d'abord aux émanations venant de la Lune, planète morte devenue le satellite de la Terre. Elle est essentiellement constituée d'éléments Eau et Terre, et ce qui l'anime, peut être considéré comme étant d'Air et de Feu. La vie est entretenue par la combustion permanente, créée dans l'air par la respiration ; puis il y a le Feu de la Vie de l'âme, d'essence divine. Nous trouvons ensuite le désir, la pensée et l'action.

Entre ces divers aspects se trouve « la conscience » qui doit décider et amener l'homme au discernement, reconnu peu à peu par son mental. De là, naît le sens de la responsabilité et, parallèlement, l'aspiration spirituelle.

La forme est ce que nos cinq sens grossiers, habituels et connus, traduisent d'abord pour nous. Elle est aussi une structure soumise à l'évolution, comme tout dans l'Univers.

En fait, *l'évolution est une Loi qui régit la marche constamment accélérée de toutes les particules,* marche en avant les menant toutes ensemble, sur une voie semée de destructions et de renaissances successives, sans interruptions, ni coupures. Et cela, ainsi, du petit atome matériel à la Conscience universelle et infinie.

Ce processus existe pour les particules infiniment petites, appelées molécules et atomes, comme pour les diverses formes qu'elles-mêmes constituent, poursuivant ainsi l'édification de formes toujours plus grandes, ceci jusqu'à l'ensemble du Système solaire. Tout répond à cette Loi fondamentale régissant à la fois l'évolution des atomes et celle de ce Système. Ainsi, la constitution du macrocosme (le grand Cosmos), se répète dans l'homme (plus petit mais semblable) et le microcosme apparaît alors, lui aussi, comme entièrement constitué d'énergies et animé de mouvements permanents.

Voyons ce qu'est plus exactement « la forme ». Si nous consultons un dictionnaire courant, nous trouverons la définition suivante : « Configuration extérieure d'un corps ». Là, l'accent est mis sur le côté extérieur, tangible et exotérique de la manifestation. Cette même pensée apparaît si nous étudions l'étymologie du mot « manifestation ». Celui-ci provient de deux mots latins signifiant « toucher de la main » ; l'idée alors étant ce qui est « manifesté » peut être senti, touché, et ainsi appréhendé. Cependant ces interprétations ont perdu de vue la partie essentielle du concept de la Vie elle-même.

Il nous faut chercher ailleurs une meilleure définitition. Plutarque, historien et philosophe grec, nous rend l'idée d'une manifestation subjective, au moyen de la forme objective. Il dit : *« Une idée, telle que celle de la forme, traduit un être incorporel ».*

N'ayant aucune existence en lui-même, cet être, traduit par l'idée, donne figure et forme, à la manière amorphe. *« L'idée devient ainsi la cause première de la manifestation de toutes les formes. »*

Dans la Bible chrétienne, la même pensée se trouve exprimée par Saint Paul. En parlant de Dieu, il dit : « Nous sommes son œuvre ». La traduction littérale du grec est « Nous sommes Son poème, ou Son idée », et l'apôtre traduit ainsi que, par le moyen de chaque vie humaine, ou par celui de l'agrégat de l'ensemble de vies composant le Système solaire, Dieu, le Penseur Universel, a réalisé une Idée, un Concept spécifique, ou encore, un Poème. Un homme serait donc une pensée, une Idée divine incarnée ; c'est ce concept que nous retrouvons clairement dans la définition de Plutarque.

Dans tous les règnes, soit minéral, végétal, animal ou humain, nous nous trouvons une fois de plus en présence de trois facteurs :

1. l'atome est lui-même une vie,
2. *toutes les formes sont faites d'une multitude de vies* constituant un tout cohérent, à travers lequel une entité subjective est en train d'accomplir un dessein, un plan,
3. la vie centrale, incluse dans la forme, est son impulsion directrice, la source de son énergie, l'origine de son activité et la force de cohésion assurant l'unité permanente de cette forme.

Cette pensée est facilement appliquée à l'homme : nous pouvons la définir comme une énergie centrale, une vie ou une intelligence qui opère à travers une manifestation, celle de sa forme, cette forme étant elle-même, constituée par des myriades de vies plus petites appelées « dévas ».

Si nous nous rendons compte que nous construisons et reconstruisons sans cesse notre corps physique, que nous devons parvenir à contrôler notre nature émotionnelle (cause majeure de nos souffrances), et que nous sommes responsables du développement de notre mental, nous concevrons clairement *que nous sommes nous-mêmes, « en conscience », les facteurs infusant l'énergie aux divers éléments nous constituant.* Nous savons que lorsque la vie physique s'éteint, le corps physique et la forme se désagrègent. L'Idée qui les maintenait a disparu.

Nous pouvons ainsi comprendre la Vie évolutive de la Planète, lorsqu'elle « travaille » sur la Terre à travers toutes les formes existantes. Ces formes sont aussi bien des continents, que des organismes divers. Nous pouvons saisir ce qui s'est passé sur la Lune, maintenant une forme en voie de désagrégation, comme ce qui se passe dans le Système solaire auquel nous appartenons et sur la Planète sur laquelle nous vivons, la Terre.

Les mutations de formes sont actuellement très rapides. Il en est ainsi à chaque changement d'Ere, c'est-à-dire tous les deux mille ans, environ.

Il faut essayer, d'abord, de comprendre que la matière inorganique n'existe pas, que chaque atome est une vie, puis, percevoir que toutes les formes sont des formes vivantes, chacune d'elles étant le véhicule d'expression d'une conscience contenant une Idée, un Archétype, c'est-à-dire l'image primitive de cette manifestation, dans sa perfection.

Si cette démarche est effectuée correctement, avec l'aide du Mental supérieur (auquel chacun de nous peut accéder), « la clé du mystère de la vie humaine » apparaît. Auparavant, nous devons admettre que l'intellect n'est qu'analytique, et que les réponses subtiles viennent du plan de l'intuition. Ainsi, peut-on comprendre que l'être humain est amené à traduire « l'Idée », c'est-à-dire l'idéal, cette perfection en lui depuis toujours. De plus, il est poussé par la Loi d'évolution, marche constamment accélérée des particules de l'Univers auquel il appartient.

Et nous pouvons ainsi entrevoir l'action de la guérison sur la forme, que nous connaissons d'abord objectivement. Si nous admettons que cette forme, douée d'intelligence, est constituée d'atomes et de myriades de petites vies, nous comprenons que l'utilisation consciente d'une idée, ou énergie spirituelle, donc supérieure et parfaite, peut amener les transformations nécessaires. Ainsi est dissipé l'état défectueux, appelé maladie.

* * *

Le Docteur LOWEN, psychiatre américain, a écrit plusieurs ouvrages dont l'un « La dépression nerveuse et le corps » comporte une planche. Elle montre, à droite et d'une manière simple, comment opèrent, ce qu'il nomme « les courants sensitifs de la Foi » à partir du cœur (d'Amour). A gauche, nous pouvons voir les crochets captatifs (retrouvés en graphologie, dans le même sens, à travers l'écriture). Ces derniers créent des blocages et l'arrêt des courants vitaux, ces « courants directs » auxquels s'intéresse la médecine psychosomatique et dont nous reparlerons, en particulier lorsque nous aborderons cette merveilleuse machine électrique : le cerveau humain. (voir planche jointe).

MÉDITATION

DÉTENTE PROFONDE ET EXPANSION

Nous vivons dans un cercle que nous créons nous-mêmes. Il faut apprendre à l'élargir afin d'avoir un bon et réel échange avec ce qui est au-dessus de nous et autour de nous. C'est la première démarche, elle doit agir sur l'apparente séparativité, créée par chacun de nous.

Pour commencer cette entreprise dont l'objectif est la guérison, vous vous installez confortablement et vous fermez les yeux. Votre colonne vertébrale doit être droite, mais doit demeurer souple ; et vous commencez à respirer correctement. Continuez à respirer lentement, profondément, par le nez bien sûr, afin que tout votre être participe à ce rythme auquel vous devenez attentif. Ainsi le mental s'apaise, les émotions et les excitations aussi, vous entrez réellement dans le calme. Vous devenez peu à peu semblable à un « étang tranquille dans lequel se mire le ciel ». Le calme et le silence entrent en vous.

Surveillez la cadence lente de votre respiration ; elle doit s'harmoniser avec les battements de votre cœur. Ils sont eux aussi de plus en plus lents, de plus en plus tranquilles, et vous abordez un état de paix. Votre propre sang accomplit alors, en vous, l'action régénératrice nécessaire ; il transporte correctement la vitalité.

Maintenant, dans une inspiration et à l'aide de votre pensée, vous rassemblez les forces et les énergies qui sont en vous et autour de vous, puis, vous vous placez à l'intérieur, au centre de votre cerveau. Une convergeance s'établit là et vous percevez, qu'en vous, tout se clarifie et s'unifie ; votre âme peut commencer à fusionner avec votre personnalité, elle devient l'exécutif qu'elle doit être. L'âme commande, la personnalité obéit.

Réalisez qu'il y a votre corps détendu, bien posé sur la chaise, et cet autre aspect de vous-même, nommé la conscience, aspect de l'âme. Et puis vous avez une mémoire, elle enregistre les sensations et les images. Vous faites appel à elle, et, avec son aide, vous allez revoir la pièce dans laquelle vous êtes en ce moment. Votre conscience passe du petit point placé au centre de votre cerveau à l'ensemble de cette pièce, avec son décor, ses couleurs et vos compagnons d'expérience. Vous voyez tout cela et vous sentez que vous pouvez élargir le champ de votre conscience, que vous n'êtes plus séparés les uns des autres ; vous incluez en vous le groupe tout entier sur le plan subjectif ; il n'y a plus de séparativité, elle est une illusion.

Chacun de nous est un être humain cheminant vers un meilleur devenir, plus vrai, plus beau. Nous savons que l'Ere du Verseau dans laquelle nous sommes en cette période du temps, est celle de l'expérience faite en groupe et dans l'unité. Seul, avec notre petite conscience étroite et nos facultés personnelles, nous sommes bien peu de chose ; mais ensemble, en unissant les Rayons d'énergies nous constituant et grâce à cette complémentarité indispensable, nous savons, au fond de notre cœur, que nous pouvons tenter une entreprise solide, bien étayée. Nous allons travailler scientifiquement dans le but de participer à la guérison de l'Humanité, cela nous demande déjà et nous demandera des efforts bien compris, des efforts soutenus.

Essayez, efforcez-vous de percevoir l'existence de vos compagnons de groupe et, sur la planète Terre, celle de l'Humanité, ce centre planétaire auquel nous appartenons tous. Sentez que vous êtes inclus dans le corps éthérique de notre Planète et, ainsi, êtes relié à tous les hommes, comme à tout ce qui y vit. L'essence vitale, le Prana solaire peut être utilisé pour la guérison de l'ensemble et aussi pour celle de chacun de ses éléments, donc pour le ou les malades souhaitant une aide complémentaire à celle de la médecine.

Pensez au calme et au silence intérieur, reliez-vous avec votre âme, toujours présente au-dessus et à l'intérieur de vous-même ; elle clarifie votre corps éthérique. Sentez l'énergie d'amour universel envahir votre cœur et percevez le rayonnement qui commence à s'exprimer autour de vous.

Cette première et importante démarche subjective se termine.

Commencez à respirer profondément et revenez doucement vers votre conscience objective........

LA RESPIRATION ET LE SOUFFLE DE VIE

Comment peut-on agir physiquement, d'abord, sur les troubles, si ce n'est par la maîtrise de la respiration ?

LAVOISIER, chimiste français du XVIIIème siècle, membre de l'Académie des Sciences, fut reconnu comme l'un des grands Penseurs de son époque. En 1789, dans ses premiers mémoires, il disait : « La respiration est une combustion lente, semblable à celle qui s'opère dans une lampe à huile, ou une bougie. » Il ajoutait : « C'est la fonction grâce à laquelle un organisme reçoit l'oxygène de l'air nécessaire à cette combustion et expulse ses produits toxiques, dont l'acide carbonique. »

Inspirez par le nez, sentez l'air, nécessaire à la combustion, qui entre en vous, gardez-le en haut du thorax puis expirez profondément ; enfin, détendez-vous.

De toutes les fonctions qui assurent la vie d'un organisme physique vivant, la respiration est la plus constante.

Pendant le sommeil le système nerveux est inactif, le tube digestif fonctionne à peine, ou pas du tout. L'homme peut vivre plusieurs jours sans manger, et il peut parvenir à dormir très peu avec un entraînement particulier. Mais il ne peut, généralement, rester plus de cinq minutes sans respirer, et nous savons qu'il n'y a pas de vie possible sans les échanges respiratoires.

Aujourd'hui l'homme est pris dans un système faux, celui de la vie agitée et compliquée qu'il a créée. Néanmoins, on assiste maintenant à une « prise de conscience » quant à ce besoin fondamental de la respiration. Il y a de plus en plus de mouvements et d'écoles à buts thérapeutiques. Mais toutes les méthodes utilisées ne sont pas encore bien claires, ni obligatoirement bénéfiques pour l'être humain. Il est indispensable de discerner ce qui est bon, de ce qui ne l'est pas.

La fonction respiratoire est donc, de toutes les fonctions de l'organisme humain, celle sur laquelle l'attention doit se porter en premier, afin de comprendre que la mauvaise ventilation de l'appareil respiratoire entraîne une auto-intoxication et est la cause de bien des troubles de santé.

Nouvelle inspiration « en conscience », large et profonde, rétention tout en haut du thorax soulevé, expiration profonde par le nez, puis détente musculaire avec respiration normale. Il ne s'agit pas de forcer, mais bien de trouver un rythme lent, souple et régulier.

Le fonctionnement correct des viscères, contenu dans les cavités osseuses, est régi par deux systèmes nerveux complémentaires, appelés le sympathique et le parasympathique. Ils sont des régulateurs de la vie dite végétative, automatique et subconsciente : il y a une relation importante entre eux et leurs fonctions sur tous les organes, ainsi que sur le système respiratoire. L'apathie comme l'hyperexcitation jouent un grand rôle dans la crise d'asthme, les bronchites et dyspnées d'origine cardiaque. L'hypertension psychique et les cas de désordres digestifs et d'anxiétés, interviennent également, que ceux-ci soient dûs au surmenage ou à la dépression.

Nul n'ignore maintenant que, dans la respiration, un arrêt un peu prolongé de dix à douze secondes, placé entre une inspiration profonde et une expiration correcte, a une action freinatrice directe et immédiate sur le sympathique. La palpitation du pouls, durant cette expérience, le prouve de façon formelle ; on constate alors un net ralentissement de ce dernier et les expériences contrôlées médicalement sont nombreuses.

Il faut donc APPRENDRE A RESPIRER pour augmenter la résistance de l'organisme et avoir de bonnes forces disponibles. Il y a une solidarité étroite entre les poumons, organes élastiques et la cage thoracique qui les contient. Le mouvement d'inspiration du thorax suit celui effectué par les poumons. Il va s'amplifier en utilisant des muscles particuliers, appelés inspirateurs ; puis intervient le diaphragme, vaste coupole musculaire dont l'action devient tension essentiellement verticale, au moment de la montée des poumons. Enfin, jouent les muscles expirateurs et ces groupes de muscles sont fort utilisés dans le chant, la toux, l'éternuement, le baillement, etc...

L'inspiration amène dans les poumons un afflux d'air et de sang. La circulation du sang est alors plus active et ainsi s'établit la fixation de l'oxygène dans les globules rouges.

L'expiration sert à éliminer l'air vicié qui stagne souvent au fond des poumons. C'est ainsi que s'élimine le trac, chez les acteurs par exemple.

Encore une fois inspiration, la cage thoracique se soulève, rétention en haut avec tension verticale, puis expiration profonde, l'air vicié est expulsé. Détente musculaire, du diaphragme d'abord, puis se généralisant pendant que s'effectuent quelques respirations normales.

L'irrigation sanguine correcte amène une meilleure capacité d'assimilation du cerveau, organe du Mental utilisant la pensée. De plus, le professeur BINET, physiologiste du siècle dernier, a démontré l'étroite interdépendance des poumons et de la rate. Il y a là, disait-il, une fonction anti-toxique, ainsi qu'une relation importante avec la vitalité, le tonus et le dynamisme. Les systèmes nerveux et musculaire jouent également un grand rôle, tout ceci crée l'équilibre. Et nous savons qu'au niveau de la rate, il y a un centre de vie ayant une fonction particulière et vitale.

L'importance indéniable de la respiration, amène, avec la détente, à la maîtrise de soi et permet d'acquérir un bon contrôle général. Les exercices respiratoires apaisent l'émotivité, le trac, les stress, et ouvrent la vraie possibilité ; celle-ci est nécessaire pour établir de bonnes relations avec sa propre conscience et son âme, d'abord, avec autrui, ensuite.

Pour pouvoir se concentrer mentalement et méditer, il faut savoir respirer dans un bon rythme, souple et régulier. Ainsi tout devient plus facile et la joie de vivre naît ou renaît, grâce au souffle de vie correctement entretenu.

Efforcez-vous d'inclure tout cela dans une nouvelle respiration très consciente et « vécue » totalement.

Inspiration large et ample par le nez, bien sûr, l'air entre en vous. Pendant la rétention haute (ce ne sont pas les épaules qui doivent se soulever mais le thorax), l'air rencontre le sang ; il entretient le système circulaire. Expiration profonde avec le diaphragme, miasmes et soucis sont rejetés. Suit la détente musculaire et nerveuse, vous devenez souple et ressentez la joie qu'apporte une bonne respiration. Elle prépare à l'intégration.

LA CONSCIENCE, LA MATIERE ET LA RADIATION

Deux grandes avenues s'ouvrent aujourd'hui aux investigations scientifiques de l'homme, sous deux aspects bien différents de la manifestation, ce sont : la conscience et la matière. Les découvertes de la microphysique, avec la théorie des quantas par PLANCK, font surgir de la matière apparente et illusoire, une vie sans cesse renouvelée, dont les limites connues reculent sans cesse également. Cette théorie traite de discontinuité apparente dans la physique atomique, mais aussi, des radiations et de leurs fréquences.

Par ailleurs, de très nombreux groupes de chercheurs effectuent des contrôles dans des laboratoires, en particulier sur le cortex cérébral, afin de mieux cerner l'aspect Conscience. A ce sujet, dans la Sophrologie, le Professeur CAYCEDO parle d'états allant de l'aspect pathologique au psychologique, et de niveaux allant de l'inconscient aux sphères spirituelles appelées transcendantes, ou supraconscientes.

On s'intéresse également beaucoup à la conscience psychique dont les phénomènes, souvent inconscients et toujours inférieurs, sont étudiés en Para-psychologie. Mais surtout, il y a la conscience mentale, qui a pour but, entre autres, d'engendrer le sens du discernement conduisant à la responsabilité de l'individu. C'est là que commence l'aventure humaine réelle. *Tant que nous rendons les autres responsables de nos maux, il ne se passe rien,* nous végétons. La vie et ses effets à travers nous, ne dépendent pas de ce qui est à l'extérieur, mais bien des valeurs à l'intérieur de soi. Tout est en nous, nous devons le comprendre pour nous assumer. Et pour ceux qui se proposent d'élaborer une telle structure, vraiment humaine, la base comme le sommet n'ont qu'une seule Réalité ; elle se situe dans « la conscience unifiée », lieu silencieux, calme et puissant par excellence, où les aspects inférieurs et supérieurs se rencontrent et fusionnent à travers le mental et l'âme.

Alexis CARREL, prix Nobel, qui écrivit, entre autres ouvrages, « L'homme, cet inconnu », disait lui-même : « Le moment est venu de commencer l'œuvre de rénovation (c'est-à-dire de reconstruction) de l'homme. » Il parlait là, de l'immensité de la conscience à reconnaître d'abord, comme le centre, le point de focalisation des énergies créatrices.

Quant à Julian HUXLEY, célèbre biologiste anglais du siècle dernier, en abordant le mystère de cet être unique qu'est l'homme, il disait : « Ceci provient du fait qu'il est doté d'un pouvoir de maîtrise infinie, s'il lui plaît de l'exercer... Il est de plus engagé (qu'il le sache ou non) dans une formidable expérience évolutive, permanente et globale, c'est-à-dire universelle. »

Nous avons à nous créer et à nous recréer meilleur sans cesse, c'est-à-dire à nous édifier nous-même. La théorie de la volonté occidentale basée sur des techniques intellectuelles et comportementales considérées comme souhaitables, vues de l'extérieur de soi, doit reconnaître son manque d'efficacité.

En Orient, la sagesse millénaire a, depuis longtemps, compris qu'il ne suffit pas qu'une partie du mental regarde l'autre, (comme le gendarme observe le voleur) ; aucune harmonie dans la conscience ne peut en résulter. Il s'agit donc de se connaître soi-même, de s'édifier soi-même, jour après jour, en s'identifiant aux valeurs authentiques, seules ouvertes à l'aspect spirituel et infini, afin de devenir « radiant ».

L'étude de l'image du corps, appelé aussi schéma corporel, a donné lieu à de nombreux travaux. Les physiologistes nous informent de ce que le moi corporel, auquel nous prêtons tant d'attention, détient l'apparente consistance de ses formes, du lobe pariétal du cerveau, ceci en corrélation avec les régions profondes du thalamus (ou noyau de substance grise) et du diencéphale, dans sa relation avec le psychisme. Cette image de notre corps émerge, pour chacun de nous, uniquement de l'activation de réseaux nerveux. Cette plage d'engrammes, c'est-à-dire de traces ou souvenirs laissés dans le système nerveux, aboutit actuellement à une sorte d'excroissance qui veut gouverner seule, despotiquement. Tous les événements auxquels l'être humain est confronté, s'établissent d'abord par référence à des mécanismes physiologiques ; ceci entraîne une représentation corporelle devenue fausse par l'importance qu'elle a prise, et ce, au détriment des valeurs réelles.

Une place capitale est réservée là, au sens du toucher. Pour croire, pendant longtemps, nous avons eu besoin de toucher. Ce sens primitif, ainsi que les sensations viscérales, exercent un pouvoir souverain sur cette conscience inférieure et prisonnière du passé, qui est celle de l'espèce humaine. Ce sens doit être transcendé pour pouvoir toucher l'énergie de guérison. Là il s'agit d'utiliser l'imagination et la subjectivité orientées spirituellement, en comprenant ce qu'est la radiation pure, à émettre après avoir atteint un niveau de conscience radioactif. Il est l'élément qui interviendra pour permettre le changement.

Par ailleurs, nous subissons aussi l'illusion d'optique. Le très célèbre physicien EINSTEIN, rappelle à ce sujet : « Un être humain n'est, dans le temps, par la durée de sa vie, et dans l'espace, par la forme et le volume de son corps, qu'une partie limitée d'un TOUT, appelé l'UNIVERS. » Le fait de considérer son individualité comme une « entité séparée » est une illusion d'optique liée au mental inférieur et, cette illusion emprisonne l'être humain ; elle l'empoisonne aussi avant qu'il ne comprenne la réalité fondamentale des corps éthériques s'interpénétrant les uns les autres, toujours et partout.

Jean JAURES, marxiste et matérialiste bien connu, affirmait que « l'Infini est Esprit et Conscience, Unité et Amour. » Il disait aussi : « Quel peut bien être ce Principe qui unit toutes les consciences en exaltant chacune d'elles, si ce n'est la Conscience Absolue ? » Conscience Universelle ou Conscience Absolue, n'oublions pas que « nous vivons en ELLE ».

Dans l'antiquité grecque, le philosophe PARMENIDE, il y a 2 500 ans, attribuait la discontinuité apparente du tissu subtil de l'Univers, « à la seule faible ouverture de conscience de l'observateur ». Pensons à déployer la nôtre largement pour recevoir le maximum d'énergie curative afin de pouvoir la distribuer ensuite.

Avec la physique des quantas et de la mécanique ondulatoire, *on découvre une identité de nature entre le contenu et le contenant,* entre l'observateur et la chose observée. Ce concept de la conscience de l'observateur joue un rôle majeur, son contenu essentiel étant « l'ultime réalité à atteindre au centre de soi-même ». Nous savons que la science ouvre maintenant ses recherches au phénomène « conscience ». Souvenons-nous que tout est seulement énergies et conscience ; cette compréhension amène à dédramatiser les situations difficiles auxquelles nous pouvons être confrontés. Il s'agit toujours d'expérience à comprendre, avant de modifier le comportement, comme il convient, en fonction de l'évolution toujours présente nous poussant à travers l'âme. « Elle, seule, sait le but à atteindre. »

N'oublions pas que les sens nous abusent, que l'image du corps physique est illusoire et dépend d'un lobe de notre cerveau. (Ceux qui se trouvent trop gros ou trop minces peuvent être amenés ainsi à réviser leur impression). Et puis, il y a l'aspect subjectif placé sous l'aspect objectif, l'imagination créatrice et la radiation.

A ce sujet, nous devons savoir que *la radiation est l'effet extérieur produit par l'activité vibratoire.* Elle peut s'exprimer lorsque la conscience s'élargit ou s'affine, de telle manière que « les limites de la forme physique-éthérique ne constituent plus une prison ». L'essence subjective, qualitative, peut alors s'échapper selon la « Loi cosmique dite de Radiation », et aller vers autrui. Ceci fait partie de la guérison qui utilise la radio-activité spirituelle, seule capable d'opérer des changements de type transcendant.

MÉDITATION

LA CURE DE RADIATION

Respirez profondément, alignez-vous rapidement et consciemment, puis, reliez-vous en tant qu'âme avec les âmes de vos compagnons de groupe. Ensuite, reliez-vous à leurs cerveaux où siège la pensée, puis à leurs aspirations les meilleures. S'aligner, signifie ici synchroniser le fonctionnement du corps mental, du corps astral et du corps physique-éthérique, de manière à ce qu'ils agissent ensemble, comme une unité intégrée, sous l'autorité de l'âme. Employez l'imagination en comprenant que l'énergie suit la pensée et que la liaison s'effectue inéluctablement, si vous opérez correctement. Ceci fait, vous allez pouvoir commencer à agir en tant que groupe, (même si vous êtes apparemment seul). Oubliez ensuite cette relation et concentrez-vous sur le travail à effectuer.

Arrivé à ce point, reliez votre âme et votre cerveau à l'intérieur de votre tête et rassemblez les forces d'Amour disponibles dans votre aura. Puis, focalisez-vous toujours dans la tête avec tout ce que vous avez à offrir, en vous visualisant comme un centre rayonnant d'énergie, un foyer de lumière brillante. C'est cette lumière qu'il faudra projeter sur le patient, au moyen du centre Ajna, situé entre les sourcils.

Prononcez ensuite intérieurement le mantram collectif :

« Avec pureté d'intention
et inspirés par un cœur aimant,
nous nous offrons pour cette œuvre de guérison.
Cette offre est faite en tant que groupe,
et s'adresse à celui, ou à ceux
que nous cherchons à guérir, à aider. »

Visualisez maintenant le processus de liaison qui se poursuit. Voyez-le sous forme de lignes mouvantes faites de substance lumineuse vivante ; elles vous associent, d'une part, à vos frères, et d'autre part, au patient. Voyez ces lignes, émanant de vous, allant vers le centre du cœur du groupe placé entre les omoplates et vers le patient. Travaillez toujours à partir du centre Ajna. De cette manière, le centre frontal et le centre cardiaque de tous se trouvent en étroite relation. C'est ici que la valeur de la visualisation entre en jeu, elle est l'expression éthérique de l'image, celle de la forme-pensée utilisée.

Pendant un court instant, vous allez utiliser la pensée bien dirigée. Pensez à celui que vous cherchez à guérir, ou à soulager, unissez-vous à lui, focalisez votre attention sur lui de telle manière qu'il devienne, dans votre conscience, une réalité très proche de vous. Ayant diagnostiqué la difficulté physique auparavant, elle est dans votre mémoire et vous n'y pensez pas. Oubliez aussi les éléments du travail que sont le groupe, vous-même et le patient, puis concentrez-vous sur le type d'énergie que vous allez essayer d'utiliser ; c'est la force du second Rayon, la force d'Amour.

Ressentez cet Amour profond qui afflue en vous et considérez-le comme la Lumière substantielle que vous pouvez et allez mettre en œuvre. Émettez-la comme un rayon de Lumière irradiante issu de votre centre frontal, puis dirigez-la vers le patient, par l'intermédiaire de vos deux mains. Pour cela, tenez vos mains proches des yeux, à une quinzaine de centimètres du visage. De cette manière, le courant issu du centre frontal se divise en deux parties et se projette à travers les deux mains. Dirigez-le ainsi sur le patient, visualisez ce courant lumineux et sentez-le passer en lui. En même temps dites :

« Que l'Amour de l'Ame unique,
focalisée dans ce groupe,
rayonne sur vous, mon frère,
et imprègne chaque partie de votre corps,
guérissant et calmant.
Que les forces curatives dissipent en vous
tout empêchement à rendre service,
et tout obstacle à la bonne santé. »

Dites cela lentement et avec foi quant au résultat. Veillez à ce qu'il n'entre pas, dans ce courant d'énergie curative, ni de pensée, ni de volonté de pouvoir, mais seulement un amour irradiant bien concentré. Utilisez la visualisation et l'imagination créatrice avec un sentiment réel d'Amour profond et stable.

Il y a une nécessité absolue qui consiste à garder un silence complet sur tout travail de guérison. Ne laissez jamais personne savoir que vous travaillez dans ce sens, et ne divulguez pas le nom de celui ou de ceux que vous cherchez à aider. Même dans le groupe ne parlez pas du patient en cours de traitement. Si vous n'observez pas cette règle fondamentale de silence, cela montre que vous n'êtes pas encore prêt pour cette mission. Cultivez le silence, il est bien plus important que vous ne pouvez peut-être le comprendre encore. Paroles et discussions détournent et dissipent la force utilisée ; de plus, elles violent cette règle fondamentale que tous les guérisseurs sont invités à observer.

Ce travail se termine, vous commencez à respirer profondément.

Afin que cette expérience subjective et spirituelle réussisse, vous devez vous entraîner à la vraie et profonde relaxation, à défaut de quoi les énergies curatives ne passeront pas à travers vous, qui devez les transmettre, en utilisant l'Amour et la Lumière, à travers le Mantram de guérison.

Ces indications sont extraites de la méthode de guérison selon le IIème Rayon et adaptée aux débutants. (La Guérison Ésotérique d'Alice A. Bailey - Éditions Lucis).

TRAINING AUTOGENE

Il faut d'abord apprendre à se détendre en position assise ; nous vivons beaucoup assis. Placez vos pieds bien à plat sur le sol, la colonne vertébrale doit être droite mais pas raide, les épaules et les bras souples, la position de la tête légèrement fléchie en avant, le cou, la nuque et la taille tirés en arrière. Essayez déjà de prendre cette attitude et commencez à respirer. Inspirez doucement, longuement par le nez ; tout votre corps doit y participer ; ressentez l'entrée de l'air, conservez l'air en haut dans le thorax près des épaules, expirez doucement par le nez, puis détente. Quand vous le souhaiterez, le mouvement respiratoire reprendra ; le rythme s'établit ainsi, avec toujours une détente consciente après l'expiration en respirant normalement. Vous fermez les yeux naturellement.

Toute vie est rythme, pensez aux saisons qui nous offrent divers aspects de la nature alternativement, mais toujours dans l'ordre. Elles suivent une Loi Universelle immuable agissant aussi bien sur les marées que sur nous, parce que nous participons à cette Vie Universelle sans cesse, nuit et jour, dans la ronde des années de notre vie.

Le premier exercice de détente consciente va entraîner une décontraction musculaire automatique dans le corps physique. C'est le début de la relaxation qui fait naître une sensation de pesanteur, elle-même, liée au phénomène de la gravitation terrestre : cette attraction particulière qui nous retient les pieds en bas sur notre Planète et nous sécurise, de ce fait.

Voyez si vos pieds et vos genoux sont bien écartés, de façon à relâcher complètement au passage les muscles des jambes, et des cuisses. Le dos et la nuque doivent être maintenus droits et la position agréable, confortable.

Si une partie de votre corps vous gêne ou paraît bloquée contractez-la très fort, et, si cela est nécessaire, contractez tous vos muscles, même les mâchoires, puis laissez-vous aller davantage, en souplesse, naturellement, en conservant toujours une bonne position du dos, sans cambrure.

Les paupières sont devenues lourdes et les yeux détendus. Les avant-bras, les coudes sont souples, et les mains posées à plat sur vos cuisses. Vous commencez à contrôler votre décontraction musculaire, et vous entrez dans la relaxation, l'état de détente et de récupération devient possible.

Maintenant tout votre être est calme et vous pouvez commencer à vous concentrer mentalement dans votre cerveau ; puis, la contraction passe dans votre bras actif (le droit de préférence). Souvenez-vous que « l'énergie suit toujours la pensée » et cette énergie qui était dans votre cerveau, arrive dans le bras. Vous pensez en même temps : « Je suis calme, je suis très calme, mon bras est lourd. Mon bras devient lourd, de plus en plus lourd, il est déjà très lourd. Je suis très calme et mon bras est très lourd. Je suis encore plus calme et mon bras est encore plus lourd. »

Une sensation de pesanteur nette apparaît le plus souvent dans l'avant-bras et vous en prenez conscience. Ainsi, vous abordez un état plus subjectif et de concentration mentale, étant donné que vous vous êtes efforcé de ne penser et de ne vivre que cela, en éliminant toutes autres pensées pouvant jouer le rôle d'un écran indésirable.

Vous constatez aussi que vous êtes décontracté musculairement, ce qui vous permet de percevoir la première sensation du Training Autogène du Docteur Schultz. Il s'agit de la pesanteur, phénomène naturel entraînant la sécurisation, avec un premier contrôle des forces que vous devez apprendre à discipliner en vous.

Tous les soirs avant de vous endormir, pensez à retrouver l'état de détente, ainsi vous conserverez la technique et elle s'affinera, en s'affirmant. Il suffit de se laisser aller et de penser : « Je suis calme, mon bras est lourd. Mon bras est de plus en plus lourd et je suis de plus en plus calme. » Vous constaterez que vous obtiendrez ainsi un meilleur repos la nuit, parce que vos muscles seront détendus et votre cerveau également. C'est un moyen de trouver la paix intérieure, afin de pouvoir aller, positivement, dans « le monde éducatif » que contient le sommeil.

Cet exercice se termine, vous allez sortir de cet état en respirant profondément. En même temps, faites quelques flexions et extensions du bras, remuez les doigts et, à votre moment, ouvrez les yeux.

LE CORPS ÉTHÉRIQUE ET LA VITALITÉ

Le corps grossier que nous voyons et connaissons, dit physique, a un double appelé corps vital, ou éthérique ; ce dernier est son *double* exact, la *contre partie subtile, l'intermédiaire par lequel entrent en jeu tous les courants électriques et vitaux* de type inconscient, engendrant l'activité dans la forme. Il est constitué d'éther, cet éther qui emplit l'Espace et est formé de filaments énergétiques, très fins, appelés des Nadis. La connaissance de l'éther, par les savants, va les amener prochainement à l'étude de la substance de ce corps.

La science va donc rapidement atteindre un point où elle sera obligée de considérer la réalité du corps éthérique ; refuser de la reconnaître entraînera des difficultés beaucoup plus insurmontables que d'admettre son existence. Les savants s'intéressent maintenant au fait de la matière éthérique. Le succès des tentatives photographiques, du procédé Kirlian, a démontré la réalité de ce qui, jusqu'ici, a été considéré comme non réel, dans le domaine physique. Des phénomènes inexpliqués se produisent tout le temps, ils restent dans le domaine dit du « surnaturel », à moins qu'il ne soit possible de les expliquer au moyen du corps éthérique, ce qui ne saurait tarder.

Des médecins commencent à étudier (encore à l'aveuglette, il faut le dire), la question de la vitalité, l'effet des rayons solaires sur l'organisme physique, et les lois sous-jacentes à la chaleur radiante et inhérente à la vie humaine et animale. Ils commencent à attribuer à la rate des fonctions jusque-là non reconnues, à étudier davantage l'effet de l'action des glandes endocrines et leur relation avec l'assimilation, par exemple. Ils sont sur la bonne voie et avant longtemps le fait du corps éthérique et sa fonction fondamentale de structure énergétique seront établis, au-delà de toute controverse. Tous les efforts de la médecine préventive et curative, passeront alors sur un plan plus élevé de la spirale évolutive.

Le corps éthérique est le « réseau de vie » humain, planétaire et solaire. Il est le fondement de chacune des parties de la structure physique, et a pour objet :

— d'abord, *de transporter à travers le corps entier le principe de vie* et l'énergie productrice d'activité. Cela s'effectue dans le corps physique au moyen du sang ; le point focal de cette distribution est le cœur, distributeur de la vitalité physique à travers le système circulatoire,

— ensuite, *de permettre à l'homme d'être en rapport avec son milieu.* Ceci s'effectue dans le corps physique, par le système nerveux tout entier, dans ses trois aspects, avec le cerveau comme point focal de cette activité. Le cerveau est le siège de la réceptivité consciente et la grande centrale de commandes ; tout passe par lui.

Il n'y a pas d'organismes séparés, simplement un corps composé d'un libre courant de forces. Là s'effectue le mélange, ou l'unification de deux types d'énergies : l'énergie dynamique (force d'activité) et l'énergie magnétique (force d'attraction). C'est le jeu de ces deux forces, sur la matière, qui attire, vers le corps éthérique de toutes les formes, les atomes physiques nécessaires, lors de la naissance. Ainsi attirés, ils sont ensuite poussés par la force de volonté (appelée désir de vivre), vers certaines activités propres à chacun des organes.

Ce corps cohérent, constitué d'énergie, se compose de courants de force. Il présente sept points focaux majeurs, centres ou points de vie, reliés entre eux par des courants. Ces centres déterminent le point d'évolution de l'homme, dans son expression intérieure et extérieure. Ils agissent directement sur le corps physique, par l'intermédiaire du système endocrinien, essentiellement composé de sept glandes endocrines majeures.

Le corps éthérique relie le corps purement physique, ou dense, au corps purement subtil, dit corps astral ou émotionnel, et, par là, à l'environnement. Parallèlement, il effectue la séparation entre ces deux corps, alors qu'il est vitalisé et contrôlé essentiellement par la pensée. C'est elle qui peut l'amener à fonctionner en pleine activité et ceci s'accomplit par « la pensée juste », beaucoup plus que par les exercices de respiration mal compris utilisés dans certains Yogas. Ayant saisi cela, on parvient naturellement à un bon contrôle de cet instrument, très puissant, qu'est le corps vital.

Souvenons-nous que :

— le corps éthérique est le moule du corps physique

— il est l'archétype sur lequel la forme physique concrète et dense est construite, qu'il s'agisse de la forme d'un système solaire, ou d'un corps humain, ou de l'une des autres formes (animaux, végétaux, etc...)

— c'est un réseau de très fins canaux entrelacés, constitués d'énergies (ou éthers) qui construisent et entretiennent une forme spécifique. Il constitue un point focal pour certaines émanations radiantes ; ces dernières vivifient, stimulent, et produisent le mouvement permanent de rotation animant toute matière

— ce réseau éthérique, pendant l'incarnation, forme donc une barrière entre les plans physique et émotionnel ; elle ne peut être transcendée que lorsque la conscience est suffisamment développée pour lui permettre de s'exprimer sur un autre plan. Quand un homme a développé sa conscience jusqu'à un certain point, par la méditation et la concentration, il lui est possible d'y inclure des plans plus subtils et de s'échapper au-delà des limites du réseau de séparation.

Fondamentalement, les fonctions du corps éthérique sont au nombre de trois.

1. Le corps éthérique est le récepteur des radiations solaires et de l'essence vitale, appelée Prana. On peut décrire le corps éthérique comme étant réceptif aux rayons solaires et cosmiques, puis émetteur, en ce qui concerne le corps physique. Les émanations praniques du Soleil sont absorbées par le corps éthérique, par certains centres situés principalement dans la partie supérieure du corps, d'où ils sont dirigés vers le bas, jusqu'au centre éthérique, dit de la rate. Ce centre est, lui aussi, en matière éthérique et la contre-partie de cet organe physique qu'est la rate. Mais le principal centre de réception du Prana, actuellement, est le centre dit du Cœur, situé entre les omoplates. Un autre centre placé légèrement au-dessus du plexus solaire, est partiellement assoupi chez l'homme à cause des abus de la prétendue civilisation. En exposant ces deux centres aux rayons du soleil, on obtient une amélioration de la vitalité et de l'adaptabilité dans le domaine physique.

Ces trois centres sont situés entre les omoplates (au-dessus du diaphragme) et près de la rate ; ils forment pour ceux qui peuvent le voir, un *triangle éthérique* radiant et assimilateur.

Le corps éthérique est en réalité un réseau tissé de fins canaux, certains composent une corde fine et entrelacée ; une partie de cette corde est le lien magnétique qui unit le corps physique au corps émotionnel - ce lien est rompu lorsque le corps éthérique se retire du corps physique au moment de la mort -. L'ensemble du réseau éthérique est composé du tissage complexe de cette corde vivante et des sept centres majeurs, ou chakras.

2. Le corps éthérique est l'assimilateur du Prana. Ceci est important et *le processus d'assimilation s'effectue dans ce triangle éthérique : le Prana pénètre par l'un ou l'autre de ses centres, puis circule trois fois autour de lui, avant d'être transmis* à toutes les parties du véhicule éthérique et, de là, au corps physique dense.

Le principal organe d'assimilation est en relation avec la rate, centre éthérique et organe physique, lui-même en relation avec les cellules du sang. L'essence vitale venant du Soleil passe par ce centre soumis à un processus d'intensification, ou de dévitalisation, selon que ce chakra est sain ou non. Si l'homme est en bonne condition physique, à l'émanation reçue, s'ajoutera sa vibration individuelle, et le taux de vibration sera accéléré avant sa bonne transmission à la rate physique. Par contre, il sera ralenti ou abaissé, si l'homme est en mauvaise condition de santé.

Ces trois centres sont semblables aux autres, c'est-à-dire qu'ils ont la forme de soucoupes et sont animés de petits tourbillons. Ils attirent ainsi, dans leur sphère d'influence, les courants passant à leur portée. Les tourbillons sont reliés entre eux par un canal triple, formant un système circulatoire particulier. Le point de départ pour le système tout entier est situé à l'une des extrémités de la rate, à l'opposé de celle recevant le Prana. Le fluide vital circule donc dans ces trois centres et entre ces centres, trois fois, avant d'en sortir et de se diriger vers la périphérie, les nerfs et la peau. Cette phase finale de la circulation entraîne la vitalité, par les minces canaux entrelacés, vers toutes les parties du corps, ainsi, entièrement imprégné.

3. *Le corps éthérique est le transmetteur du Prana.* Les émanations sortent finalement du corps éthérique, au moyen de radiations de surface. Cette essence s'exprime sous forme de radiations humaines, avec la qualité particulière que chaque individu peut lui conférer pendant le transit circulatoire. L'essence s'échappe, teintée de la qualité individuelle, traduite par l'aura colorée.

Cette connaissance du corps éthérique présente un intérêt d'ordre pratique. Quand son importance sera mieux comprise, les hommes prêteront plus d'attention à la distribution correcte du Prana dans le corps, et ils veilleront à ce que la vitalisation se fasse sans obstacle, par les trois centres.

Ce corps est en réalité au-dessous du seuil de la conscience, il appartient donc au subconscient qui règle le fonctionnement des organes. Les êtres humains demeurent inconscients du passage de ces forces à travers ce véhicule, dont ils s'expriment en termes de vitalité, ou de manque de vitalité. Le corps physique, lui, fait sentir sa présence, soit, s'il est mal à son aise, soit, s'il est satisfait dans l'un ou l'autre de ces divers appétits. Quant au corps émotionnel ou astral, il est, actuellement, le véhicule d'une expérience majeure pour la vaste majorité des hommes.

MÉDITATION

LE CORPS PHYSIQUE ET SON DOUBLE LUMINEUX

Respiration, position et détente.

Vous allez vous efforcer de vous voir sous un autre aspect, en comprenant l'importance de votre colonne vertébrale avec ses circulations d'énergie et ses points de jonction appelés centres de vie, chakras, ou encore lotus.

Ces centres sont les agents de distribution d'énergie dans tout l'organisme humain. Ceci établit aussi la relation avec les autres formes et avec les autres doubles lumineux, jusqu'aux planètes qui en sont également pourvues.

Le fait de savoir que toutes les formes manifestées sont des formes constituées de forces et d'énergies et, qu'en vérité, la forme humaine n'est pas une exception, tel est le don offert aujourd'hui à l'humanité par la Connaissance. Les recherches scientifiques nous ont amenés jusqu'au royaume de l'énergie, d'où tout émane. Et nous savons aussi que nous vivons dans un Univers en mouvement, constitué seulement d'énergies et répondant à des Principes précis d'organisation. Grâce à l'électrothérapie et à la compréhension croissante de la nature électrique de l'homme, puis à celle de la vie de l'atome, nous avons appris que tous les objets apparemment inanimés vibrent et ont aussi un corps, dit éthérique.

Nous connaissons surtout le corps physique dans son aspect dense et palpable, fait de chair, d'os, de sang et de muscles, qui, grâce à la vitalité, se renouvellent sans cesse.

Sous-jacent à celà, il y a cet autre aspect, dit éthérique, constitué d'une substance fine et lumineuse. L'un est donc matière, il a une densité et est palpable, l'autre est impalpable, subtil et constitué d'énergie. C'est ce dernier que nous devons apprendre à connaître, celui qui est en-dessous constituant la substance même de la matière.

Détendez-vous et essayez de le percevoir en vous et autour de votre silhouette qu'il entoure comme d'une pellicule fine et brillante.

Nous savons que le corps physique de l'homme est composé d'abord de cellules et de molécules, puis d'atomes. Chaque atome a sa vie propre, sa lumière et son activité ; l'ensemble des atomes est maintenu dans son intégrité par la trame énergétique, élément de la vitalité. Ce corps subtil, vital, mouvant, possède sept centres de forces majeurs et vingt et un mineurs. Ils répondent aux énergies multiples de notre entourage, de la vie de notre planète la Terre et à celle de l'Univers. On ne peut pas dissocier l'homme de son milieu le plus large, dont il dépend entièrement. La réponse à tout cela s'effectue par la conscience.

Essayez maintenant de faire une prise de conscience de cet aspect de vous-même, avec cinq centres reliés à la colonne vertébrale et deux dans la tête. Ils ressemblent à des toupies lumineuses.

Sous l'apparence physique, il y a une sorte de fin réseau qui imprègne jusqu'à la plus petite des parties de l'organisme. Ce réseau positif est associé au système nerveux qu'il alimente, nourrit, contrôle et galvanise. Il se compose de millions de fins courants qui sont des sortes de ligne d'énergie ; en Orient, on les nomme des nadis. Et les nadis transportent cette qualité de vie propre à chacun de nous, correspondant à la clarté et à la largeur de notre conscience. Voyez comment nous retrouvons ici, mêlées, les énergies vitales, la qualité qui correspond à la conscience, elle-même orientée par la pensée, puis, la réponse des nerfs et des glandes endocrines.

Grâce à la relaxation, vos nadis sont maintenant capables de transporter des forces positives partout dans votre corps physique, vous permettant ainsi d'utiliser plus correctement votre système nerveux, négatif par nature. Ceci a une répercussion bénéfique dans le sang et le système hormonal, bien sûr.

La Sagesse antique dit que l'homme est, dans l'essentiel, une « corde de lumière nouée sept fois ». Ce cordon d'énergie et de lumière est un parallèle à la mœlle épinière et à la colonne vertébrale. Comme tout corps éthérique, celui de l'être humain est conditionné et gouverné d'abord par l'énergie solaire, puis par l'ensemble planétaire auquel il appartient.

Nous avons donc sept points focaux et lumineux. Chacun d'eux est en relation avec une partie du corps et une sphère particulière d'influence produisant une force différente et affluente.

Réalisez que tout ceci est, à la fois, dans et hors de votre corps physique dense. Ces centres sont mis en relation avec l'ensemble physique par les nadis, filaments lumineux et positifs.

Plus particulièrement, il y a un point de jonction se situant près de la rate, on l'appelle parfois le « spleenique » à cause de son impact avec la vitalité. Un petit massage, là, à gauche, à peu près au niveau de la taille, amène une meilleure coordination entre ces deux éléments que sont, le physique et le vital, en nous.

Essayez une fois encore de percevoir ce double lumineux qui est l'essentiel : c'est en lui que descend peu à peu la Lumière de l'âme. La force électrique du plan spirituel de l'unification est utilisée pour la guérison, à travers certaines couleurs. Pour le corps éthérique c'est une vibration violette, plus ou moins intense, suivant l'élévation de la conscience.

L'image ou le symbole est, ici, celui d'un oiseau qui chante dans la Lumière et l'air parfumé. Sentez que vous devenez cet oiseau lumineux chantant sa joie, dans un air léger et parfumé. Ceux qui vous entourent partagent cette joie. Vivez cela.

Cette expérience se termine...........

L'INTELLECT ET SES LIMITATIONS

Pour désigner ce malaise intérieur qui lui est propre, l'Occident a fabriqué un mot nouveau et insolite dans l'histoire très ancienne de la pensée humaine, il s'agit du mot « intellectuel ». Or, il n'est pas possible, en fonction de sa constitution, que l'homme soit réduit à son seul intellect, celui-ci n'étant que l'un des mécanismes inférieurs de son mental.

L'intellect n'a aucun rapport avec l'âme ; il entraîne de ce fait, un isolement d'où naît le « sentiment de solitude ». Dans son développement actuel exagéré, il présume trop de lui-même, se complait dans l'orgueil et la prétention ; ainsi, il rabaisse l'individu et ses potentialités réelles ne peuvent être utilisées correctement. Il détruit progressivement l'ouverture nécessaire à la Vie ; seule, l'âme est capable d'établir cette participation, ceci par le « lien d'amour magnétique » qu'elle contient.

L'intellect occupe donc une place inférieure dans le mental, parce qu'il est essentiellement analytique ; il contient une forme de dispersion et de désidentification de l'essentiel, par le détail, alors que nous devons aller vers « l'esprit de synthèse ». Certes, l'intellect est utile, il est l'outil de la culture, de la connaissance et de l'environnement, la première démarche consciente. Mais ensuite, il faut le ramener à sa juste valeur « d'exécutif » et il doit être discipliné, orienté, l'outil et non le maître. L'essentiel, consiste pour l'homme à transmettre les valeurs supérieures ; elles sont contenues seulement dans les intuitions et les inspirations, sources de toute créativité. L'intellect n'est qu'un élément répétitif des choses apprises sur le plan horizontal, et ce dans n'importe quelle démarche. Dans l'ordre, après la respiration, il y a l'intellect, monde des pensées, qu'il faut apprendre à contrôler.

Par ses aspirations naturelles et le principe évolutif de la vie, l'homme tend sans cesse à se transcender, à être positif, c'est-à-dire à être au-dessus de lui-même ; ceci est une démarche de type vertical. Entre l'aspect horizontal et l'aspect vertical, à l'intersection de ces deux lignes, se situe « la conscience ». Cette conscience est naturellement ouverte à l'universel, ce plan duquel tout procède et auquel tout amène. Lorsqu'elle est devenue pure, claire, transparente, c'est elle qui constitue la réalité intérieure de l'individu, permettant alors à l'âme de se manifester. Mais pour cela, il faut en premier lieu, arrêter la dispersion mentale ; la substance vivante, précieuse et neutre qu'il contient, peut être utilisée soit positivement, en ayant fait des choix de type supérieur en rapport avec la finalité de l'être humain, soit négativement.

Le cerveau, organe physique, où se placent les mécanismes intellectuels, doit d'abord apprendre à être calme, orienté positivement vers le haut, afin d'établir une concentration de type réceptif. Grâce à cette démarche, chacun arrive à comprendre le sens de ses propres expériences passées et la valeur toujours enrichissante des souffrances endurées. Ainsi on devient maître de son propre avenir en acquérant l'impersonnalité nécessaire ; elle se situe au-delà de toute émotivité désorganisatrice.

La conscience sans objet, ni sujet, est SEREINE. Le monde des apparences, lui, engendre la peur. Prenons un exemple simple : celui d'un homme qui découvre dans un coin et dans l'obscurité une chose enroulée ; il croit voir un serpent et alors il s'affole, sa peur est intense, elle l'envahit. S'approchant prudemment, il constate qu'il s'agit seulement d'une grosse corde enroulée, sa peur disparaît aussitôt. Sa première impression est née d'une illusion, d'une apparence, néanmoins, il a réagi émotivement, et négativement, il a été envahi par un phénomène sensitif de peur incontrôlée. Les pensées et l'imagination ont eu là un rôle important.

D'un point de vue de la vie et dans son aspect supérieur, le plan de l'existence concrète, avec son cortège de pensées et d'associations d'idées de type intellectuel, est inférieur. N'oublions pas que nous vivons dans un mirage permanent et l'imagination indisciplinée crée des scènes irréelles, des fantasmes, sources de peurs et de conflits. L'imagination, au contraire, est faite pour « créer » de belles images positives et de qualité ; si nous souhaitons vivre bien, il faut en prendre conscience et cultiver le détachement.

La Conscience Universelle, absolue, est partout, matrice de tout ce qui est et qui a été créé au niveau horizontal par les hommes nous ayant précédé sur la Terre. Cette Conscience est le support de toutes pensées et a toujours été imaginée comme « Lumière ». De plus, « l'énergie suit la pensée » et la conscience humaine peut contenir cette énergie lumineuse. Cela est expérimenté dans la méditation ; la clarté apparaît peu à peu dans le cerveau, grâce à la concentration mentale et à l'orientation positive de la pensée. Cette démarche arrache l'individu au fascinant appel de l'apparence extérieure, à laquelle cèdent ses cinq sens inférieurs toujours en alerte, par habitude.

Efforçons-nous d'amener la position juste, celle d'exécutif discipliné ; le mental s'ouvrira ainsi à la réalité de l'âme, alors que la conscience établira son expansion dans l'Univers, qui est son modèle et son soutien. Ceci commence par la maîtrise de l'intellect.

LES SEPT CENTRES MAJEURS ET LES MINEURS

Il est nécessaire d'avoir une image claire du corps d'énergie, trame vitale servant de base au corps physique concret et dense. Les sept foyers, ou centres majeurs, contrôlent les vingt et un centres mineurs ayant un rôle très secondaire. Pour ces sept majeurs, cinq sont répartis le long de la colonne vertébrale, et deux, dans la tête.

Le premier centre, celui situé au sommet même de la tête, est appelé Centre CORONAL ou « lotus aux mille pétales ». Son extériorisation physique s'effectue par la glande pinéale (épiphyse). Il est relié à la personnalité par l'Antahkarana, « le pont en arc-en-ciel » que l'homme doit construire entre ses aspects inférieur et supérieur, les deux mondes de son évolution.

Correspondant là au Soleil spirituel central, il y a le feu électrique du Système solaire ; sa qualité est dynamique, synthétique : il exprime l'aspect Volonté du Logos (dans laquelle doit se fondre la petite volonté humaine).

Le second centre, situé entre les sourcils, est appelé AJNA, ou Frontal. Il agit comme un écran et il masque « la beauté radieuse et la gloire de l'homme spirituel ». Il exprime la personnalité intégrée, unifiée et correspond au système nerveux sur le plan physique. La glande endocrine est la glande pituitaire (hypophyse).

On le montre avec deux grands pétales ; il symbolise ainsi la nature dualiste de la manifestation et exprime aussi l'imagination qui, en projetant la qualité, produira la forme idéale, centralisant visualisation et intention de créer. Étroitement relié au désir qui se purifie et amène à rechercher la création, il exprime l'Amour et la Force de l'âme ayant origine dans les pétales du Lotus, dit égoïque.

Vient ensuite le troisième Centre, le Centre LARYNGÉ ; il se trouve à l'arrière et à la base du cou, en haut de la colonne vertébrale. Actuellement très puissant, il est relié à la personnalité par le fil créateur (en liaison avec Ajna), à la Monade incarnante par le Sutratma (le fil de vie). Il est, également, relié à l'âme par le fil de conscience.

Régissant l'appareil respiratoire, il est en relation avec le Son et, sur le plan endocrinien, sa glande est la Thyroïde. Il exprime la conscience de soi, également l'aspect intelligent et créateur de l'Humanité dans son ensemble, dont nous faisons tous partie.

Le quatrième est le Centre CARDIAQUE, situé entre les omoplates. Il correspond au « Cœur du Soleil », source spirituelle de Lumière et d'Amour, ce qui l'amène à être le distributeur de l'énergie de la Hiérarchie, établissant ainsi le contact nécessaire entre ce Centre planétaire et la Conscience de groupe.

Individuellement, il doit s'unir, par l'âme, à la personnalité. Son expression glandulaire s'effectue par le thymus, glande connue surtout sous l'angle psychologique ; son hyperactivité rend amoral et irresponsable. Son véritable rôle consiste à être le facteur de la « Bonne Volonté » et il en résulte des expansions de conscience amenant la vraie sensibilité. C'est un lotus à douze pétales, expression de l'Amour - Sagesse de l'âme, et du Christ, en soi.

Le cinquième, le Centre de PLEXUS SOLAIRE, est placé en dessous du diaphragme ; il se trouve situé à la jonction des vertèbres dorsales et lombaires et à quelques centimètres hors du corps physique (comme tous les centres). Extrêmement actif, facteur central de la vie de la personnalité par l'impulsion des désirs, il est aussi le récepteur de toutes les réactions émotionnelles et la grande chambre de compensation entre les centres placés au-dessus et au-dessous de lui.

Expression de la brillante lumière astrale (venant de l'Atlantide), il est utilisé par les médiums qui opèrent à travers lui. Son extériorisation s'effectue par le pancréas. Les énergies de ce Centre doivent être consciemment dirigées vers le Centre Cardiaque et le deuxième aspect de la Triade spirituelle appelé Bouddhi.

Dans la partie inférieure de la région lombaire, il y a le sixième, le Centre SACRÉ ; il contrôle la vie sexuelle et a pour premier but la génération physique, avant d'atteindre « l'impersonnalité par rapport au désir ». Étroitement relié à la matière, il l'est aussi à la rate, Centre spécial récepteur du « Prana », ainsi la vitalité physique venant du Soleil entre dans le corps éthérique.

Son extériorisation s'effectue par les gonades (les glandes sexuelles masculines et féminines). Il y a une correspondance avec le Centre Laryngé, vers lequel il doit s'élever. La dualité du couple, réuni d'abord par le sexe, pour procréer, s'exprime ensuite par un transfert dans le Centre supérieur de création, celui du Son et de la Connaissance.

Le septième et dernier Centre, à la base même de l'épine dorsale, sert d'appui et de synthèse à tous les autres Centres, c'est le Centre COCCYGIEN. Actuellement, dans un état de sommeil relatif, il répond à la « volonté - d'exister - en - incarnation », dirigeant ainsi le principe de vie dans la forme et la matière ; c'est là « le point » où l'Esprit et la matière se rencontrent, à travers la conscience qui enregistre les expériences.

La colonne vertébrale abrite un triple fil dans lesquels circulent trois feux, « Kundalini » étant leur union. Ce Feu serpent s'élèvera du bas vers le haut, lorsque les Centres seront correctement éveillés. C'est dans la substance intérieure de la colonne vertébrale que s'exprime le Sutratma, (ou fil de vie), le fil créateur, et l'Antahkarana (qui doit être construit afin de relier l'inférieur au supérieur, en pleine conscience). Les glandes, ici, sont les capsules surrénales et la correspondance s'établit avec l'Énergie de la Volonté Universelle.

CENTRES MINEURS

Les vingt et un centres mineurs se divisent en deux groupes : premièrement, les centres réactifs à la vie de la matière, ils se situent nettement sur l'arc d'involution (descente dans l'inférieur) ; deuxièmement, les centres mineurs réactifs aux forces qui les atteignent par les centres majeurs. Ces derniers passent alors sous le contrôle des corps astral et mental.

Voici l'emplacement de ces vingt et un centres :

— deux, en avant des oreilles, près de l'articulation maxillaire.
— deux, juste au-dessus des seins
— un, à la jonction des clavicules, près de la glande thyroïde. Avec les deux centres des seins, ils forment *un triangle supérieur situé au-dessus du diaphragme* (1)
— un, dans chaque paume des deux mains
— un, dans chaque plante des pieds
— deux, juste en arrière des yeux
— deux, en liaison avec les glandes sexuelles
— un, près du foie
un, en relation avec l'estomac ; il est donc relié au plexus solaire, mais sans lui être identifié
— Deux, en connexion avec la rate ; ils ne forment en réalité qu'un centre composé de deux centres superposés
— un, dans le creux de chaque genou
— un centre mineur, mais puissant, est étroitement lié au nerf vague et certaines écoles ésotériques le considèrent comme un centre majeur. Il n'est pas situé dans l'épine dorsale mais n'est pas très éloigné du thymus. Il relie ainsi le centre sacré, le centre solaire, le centre coccygien *qui forment, entre eux, un triangle inférieur* (2)
— un centre, proche du plexus solaire ; il relie ce dernier au centre coccygien par un fil lumineux.

(1) - (2) *Les deux triangles mentionnés présentent une réelle importance. L'un est situé au-dessus du diaphragme, l'autre au-dessous.*

Centres distribuant l'énergie	CORRESPONDANCES		
	Système nerveux	Système endocrinien	Organes physiques
7 Coronal	Système nerveux central	Glande pinéale	Partie supérieure du Cerveau Œil droit
6 Frontal	Plexus carotidien	Corps pituitaire	Partie inférieure du Cerveau Œil gauche
5 Laryngé	Plexus pharyngien	Thyroïde	Appareil respiratoire et canal alimentaire
4 Cardiaque	Plexus cardiaque	Thymus	Système circulatoire Nerf vague
SP Splenique	Plexus splenique	Rate	Distribution de l'énergie vitale aux 7 Centres
3 Solaire	Plexus solaire	Pancréas	Estomac - Foie Vésicule biliaire Système nerveux
2 Sacré	Plexus pelvien	Gonades	Organes sexuels
1 Basal	Plexus coccygien	Glandes surrénales	Reins Colonne vertébrale

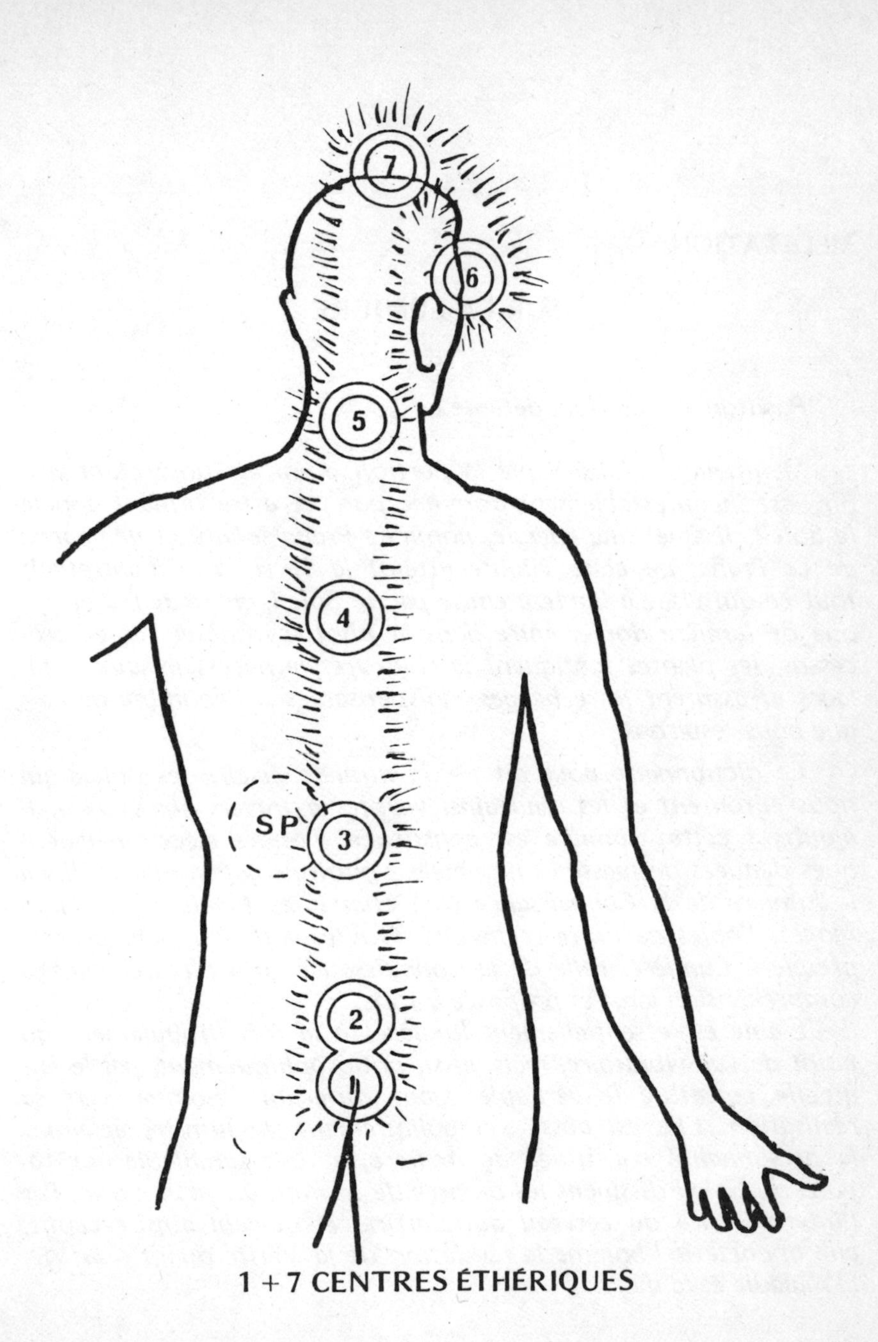

1 + 7 CENTRES ÉTHÉRIQUES

MÉDITATION

SUR LA LUMIERE

Position, respiration, détente.

Maintenant, réalisez que la portion d'univers nous étant visible, est incontestablement dominée par cet astre brillant appelé le Soleil. Il émet une énergie, nommée Prana solaire et une partie de ce Prana, de cette vitalité atteint la Terre, afin d'entretenir tout ce qui vit. La lumière émise par le Soleil, globe de feu et disque de lumière dorée, entre dans la photo-synthèse. Par ce processus, les plantes fabriquent la chlorophyle nécessaire aux feuillages et assurent les échanges indispensables à l'équilibre de l'air que nous respirons.

Le dictionnaire nous dit : « la lumière éclaire les objets qui nous entourent et les rend ainsi visibles à travers nos yeux ». Il ajoute « cette lumière est constituée d'ondes électro-magnétiques dénuées de masse et nommées : photons. » Par ailleurs, il y a la lumière de la Connaissance (qui chasse les ténèbres de l'ignorance), l'objet de notre recherche. Ouvrez-vous vraiment à cette première Lumière, celle de la Connaissance, afin d'entrer dans la compréhension large et proposée à tous.

L'âme est essentiellement lumière, à la fois littéralement du point de vue vibratoire, mais aussi, philosophiquement, par le fait qu'elle constitue le véritable agent dirigeant l'homme vers sa réalisation. Elle est aussi, symboliquement, la lumière éclairant la personnalité constituée de matière, et très semblable aux rayons du Soleil dissipant les ombres de la nuit, au petit matin. Par l'intermédiaire du cerveau qui s'affine et devient ainsi réceptif, elle apporte à l'homme la révélation de la Vérité quant à la Vie, la maladie et la mort.

Un jour, cette âme projette sa lumière dans le cerveau humain et la voie à suivre devient progressivement illuminée devant soi. Le cerveau atteint peu à peu sa fonction véritable, consistant à être « l'œil de l'âme » ; il peut alors regarder à l'extérieur dans le monde physique de l'environnement horizontal, sans être absorbé par lui. C'est le début de la véritable libération, à laquelle nous aspirons tous, (plus ou moins consciemment).

Après la Lumière de la Connaissance venant à ceux qui la recherchent, apparaît une autre Lumière, celle du Sentier de la Sagesse. C'est alors le détachement de tous les aspects inutiles qui encombrent et compliquent les situations auxquelles nous sommes mêlés. Cette disponibilité amène la compréhension et l'application des Lois Cosmiques, réglant la vraie Vie.

La troisième Lumière est celle de l'Intuition, révélatrice de la Haute Raison pure, celle qui règle l'évolution liée au Logos, et à Dieu.

Ces lumières correspondent aux trois aspects que sont :

1. *le Soleil physique (disque de lumière dorée) avec la vie des atomes physiques,*

2. *le Cœur du Soleil (ou Hiérarchie d'Amour), expression des Maîtres de la Sagesse. Ils canalisent les énergies de vie,*

3. *le Soleil Central Spirituel (la Volonté du Logos). Nous pouvons l'imaginer à travers Shamballa, centre majeur de la vie planétaire.*

Dans chaque atome de notre corps, se trouve un point de lumière, et la nature de l'âme est aussi lumière. Le but de l'homme consiste à fondre en lui ces deux lumières, afin de devenir un véritable TRANSMETTEUR de cette énergie, premier élément utilisé dans le processus de guérison. La Lumière transporte la vibration d'Amour cosmique.

Et maintenant, imaginez un beau soleil matinal ; il monte lentement à l'horizon. Il est dans votre dos et vous percevez ses rayons vivifiants, ses rayons de type universel qui vous pénètrent, et vous absorbent de plus en plus, vous amenant à être un « transmetteur ». Vous devenez ainsi tout à fait impersonnel, entièrement disponible au Service pour lequel vous êtes fait, en tant qu'Etre humain conscient et capable d'agir selon la Loi. La lumière de ce Soleil resplendissant est la Lumière de l'Amour Universel ; elle peut être transmise par votre propre Etre, en étant projetée sur les personnes que vous rencontrerez, même en intention. Leur propre cheminement devient ainsi plus clair, leur compréhension plus réelle et vous commencez de cette manière l'œuvre de guérison. Pensez à ceux qui attendent cela de vous, pour résoudre leur Karma.

Cette expérience se termine..........

LA RELAXATION ET LES ÉMOTIONS

Ce mot, RELAXATION, et sa technique, s'implantent de plus en plus en Occident. Réalisez que l'hyper-vigilance indispensable dans la lutte pour la vie, la mise sous tensions permanentes, la course contre la montre alliée au bruit, les cadences trop rapides de l'existence et, finalement, le progrès technique lui-même, détériorent à un tel point le système nerveux que nos fonctions biologiques de repos et de récupération naturelle, se trouvent sérieusement altérées aujourd'hui. Commencez à vous détendre et récupérez.

La relaxation apparaît de plus en plus comme un moyen rapide, sûr et efficace ; elle permet de retrouver l'équilibre, de lutter correctement contre les pressions névrogènes d'une existence sociale dans laquelle le Moi se perd, se disperse et s'épuise. La régulation du progrès technique s'impose de plus en plus, ceci au nom des valeurs humaines et de leur protection. En attendant que cette notion devienne réellement un moyen de lutte pour conserver la nature humaine et la qualité vraie de la Vie... des moyens plus immédiats, à la portée de tous, sont nécessaires.

Apprendre à se reposer, à se détendre, tel est le but. Le simple désir ne suffit pas, souvent il agit en sens inverse. La véritable détente indispensable, celle qui préserve des troubles nerveux, ou guérit les perturbations fonctionnelles déjà installées, exige une connaissance et un entraînement sérieux. Ce n'est pas un simple état de farniente, de repos allongé, ou encore d'un loisir consacré à la détente très relative habituelle. Il est évident que ce genre de repos, pris au hasard des possibilités, ne suffit pas, ne suffit plus. Pas plus désirer se détendre, que le simple conseil « détendez-vous », ne permettent d'atteindre la possibilité d'un retour à la bonne forme, physique, vitale, émotionnelle ou mentale. Prenez conscience de cela et détendez-vous davantage consciemment.

La plus célèbre des vertus nécessaires, apparaît d'abord dans l'application d'une capacité d'adaptabilité intérieure, au-delà des postures physiques du Yoga. Les meilleurs essais réussis dans ce domaine sont tous tirés de la connaissance orientale et millénaire. La description hindoue de cette méthode précise qu'il s'agit d'une entrée progressive en soi-même ; ceci amenant à la reconnaissance de ses propres capacités, valeurs réelles, ou erreurs. Il en résulte une autre manière d'être avec soi, puis avec les autres, reconnus alors comme appartenant à un TOUT plus large et plus facile à intégrer.

Le déroulement comprend d'abord une reprise consciente de la respiration, puis des fonctions musculaires et nerveuses, suivies d'une auto-régulation contrôlée du corps physique, de la vitalité et ensuite du mental. Alors intervient une « réconciliation » complète de son propre Moi avec lui-même, et en lui-même. Concentration et disponibilité de l'attention en résultent, remplaçant la dispersion. Détendez-vous, respirez, concentrez-vous tranquillement.

Le dictionnaire nous dit : « La relaxation consiste en un relâchement en la détente d'un muscle et le retour de ce dernier à sa longueur normale, après une contraction. »

Mais aussi la réduction d'une tension mentale provoquée par la peur, l'anxiété, l'émotion ou le travail intellectuel intensif.

Le Dr. JACOBSON a appelé « Relaxation progressive » une technique destinée à l'apprentissage du relâchement des tensions, en commençant par les muscles les plus faciles à contrôler. Il s'est ensuite intéressé à ce qu'il appelle « la biologie des émotions ». Pour lui, l'émotion est définie comme une réponse d'adaptation et de survie, caractérisée par une action globale du système nerveux dans laquelle l'aspect négatif domine, les voies de contrôle étant les muscles striés. Toujours selon le Dr. JACOB-

SON, l'émotion, même dans les formes dites passives, comporte un élément d'effort et une réponse de tout l'organisme humain : ceci engendre, évidemment, de la fatigue.

Maintenant, relâchez consciemment tous vos muscles, libérez-les de toute tension, de tout effort. La respiration rythmée permet de dépasser les émotions négatives, passez dans l'état de calme intérieur, recherchez-le. Évitez les pensées et les images dûes à une visualisation résiduelle ou à des phénomènes électriques non contrôlés.

Vos émotions s'effacent et vous récupérez votre vitalité. Apprenez à maîtriser cela, pour vous et aussi pour l'apprendre autour de vous, à tous ceux qui sont tendus.

LE SYSTEME HUMAIN ET LES GLANDES

Lorsque la maladie n'est ni d'origine collective, ni le résultat du Karma planétaire, ni consécutive à un accident, il est évident qu'elle prend sa source dans l'activité ou l'inactivité des centres de vie. Ces sept centres régissent le système endocrinien et contrôlent ainsi les sept zones du corps physique, responsables du fonctionnement correct de l'organisme ; ils produisent des effets à la fois physiologiques et psychologiques.

On ne saurait surestimer l'importance de ce système glandulaire en l'homme. Il est une réplique, en miniature, de la constitution septénaire de l'Univers, le véhicule d'expression et l'instrument de contact utilisé par les Énergies des sept Rayons « les sept Esprits devant le Trône de Dieu ». La médecine et les méthodes curatives futures, seront basées sur cette vérité encore méconnue.

Les glandes constituent un grand système de liaison, elles mettent toutes les parties du véhicule physique en relation les unes avec les autres. Elles relient également l'homme au corps éthérique tant individuel que planétaire, ainsi qu'au courant sanguin, distributeur du principe de vie dans toutes les parties du corps.

Le corps physique et le système humain comportent quatre agents majeurs de distribution : *le corps éthérique, le système nerveux, le système glandulaire et le courant sanguin.* Ils sont chacun complets par eux-mêmes et contribuent tous à la vie fonctionnelle et organique du corps. Ils sont étroitement imbriqués et produisent des effets d'ordre psychosomatique. Ceci s'établit selon leur puissance, la réaction des centres à l'influx supérieur (selon le point d'évolution du sujet) et la libre expression, ou le blocage des énergies affluantes.

Voyons ces quatre agents de distribution :

1. *Le corps ou véhicule éthérique* comprend des myriades de lignes de forces et d'énergies entrantes et sortantes. Il a une sensibilité permanente aux impacts d'énergie venant de l'entourage, comme de l'homme spirituel intérieur, et aussi des corps subtils. Il sert de base au corps physique tout entier et c'est en lui que résident les sept centres, ou foyers de forces. Ils sont donc les réceptacles des sept types d'Énergie Universelle et ils les répartissent dans le système humain tout entier.

2. *Le système nerveux* avec ses divers postes, ou relais est un réseau relativement tangible ; il exprime extérieurement le réseau dynamique intérieur et vital du corps éthérique positif avec ses millions de nadis (archétype des nerfs). Ces nerfs, les plexus avec leurs nombreuses ramifications, sont les aspects physiques et négatifs des aspects positifs ; ils conditionnent l'homme, créant ainsi la dualité nécessaire à la vie.

3. *Le système endocrinien* est l'expression exotérique et plus tangible encore de l'activité du corps vital-éthérique qui s'exprime à travers les sept centres majeurs. D'après l'enseignement ésotérique, chacun des centres fournit puissance et vie à la glande correspondante, elle est en fait son extériorisation.

Les trois systèmes, éthérique, nerveux et glandulaire sont fort étroitement unis les uns aux autres ; ils forment un ensemble directeur constitué d'énergies et de forces entrecroisées ; elles sont essentiellement vitales, galvaniques et créatrices. Ces sytèmes sont interdépendants et la cause intérieure de la santé physique dépend d'abord d'eux. Ils sont sensibles aux réactions émotionnelles et à l'activité du corps mental (monde des pensées), puis à la personnalité et à son Rayon, enfin au Rayon de l'âme (dans la mesure où peu à peu celle-ci s'affirme). Ces systèmes sont aussi responsables de la structure du corps physique. Après la naissance ils conditionnent la qualité psychologique de l'individu à travers les trois aspects divins de toute manifestation : vie - qualité - apparence.

4. *Le courant sanguin* est le répartiteur du principe de vie avec les énergies et forces combinées par les trois systèmes précédents ; (cette idée peut paraître nouvelle). La médecine ne connaît pas encore bien les relations réciproques entre le système circulatoire, ou sanguin et le système nerveux. Néanmoins, il y a de grands progrès dans la compréhension des liens existant entre le système glandulaire et le sang.

Les glandes endocrines majeures sont au nombre de sept. Elles sécrètent les hormones qui se déversent dans le flux sanguin, afin d'assurer l'équilibre de la santé. Le dictionnaire nous dit qu'il s'agit là d'une substance organique et que ce mot provenant du grec, signifie : « déclencher, mettre en mouvement, ou encore exciter ».

Ces glandes déversent dans le corps leurs sécrétions et elles déterminent ainsi la conformation corporelle (être grand ou petit, par exemple). Elles contrôlent aussi les attitudes émotionnelles, les aptitudes mentales, affectant profondément les systèmes nutritifs, sanguin et nerveux.

Ces glandes endocrines ont fait l'objet d'une attention toute particulière de la part des « Prêtres - médecins de l'Orient ». Ils virent là des sortes d'organes régulateurs du plan évolutif de la vie de l'homme, allant du physique au mental, jusqu'au spirituel.

Cinq de ces glandes sont réparties le long de l'axe cérébrospinal. Nous trouvons en partant du bas :

1. *Les surrénales,* elles sont situées au-dessus des reins. L'une de leurs fonctions essentielles, consiste à produire l'adrénaline, substance qui joue un rôle important dans la mécanismes d'agression ou de défense, soit en accélérant le rythme cardiaque, soit en bloquant le flux sanguin destiné à irriguer les intestins et la peau. Dans l'effort, elles fournissent aux muscles un surcroît de sang, et aussi de sucre. Les sécrétions cortico-surrénales possèdent une action anti-inflammatoire et tonique.

2. Les glandes sexuelles sont appelées *gonades.* Testicules ou ovaires, elles produisent des gamètes et sécrètent des hormones, permettant ainsi aux humains d'engendrer la vie physique du fœtus.

Par l'acte sexuel elles entrent en action assurant ainsi essentiellement la continuité de l'espèce. L'hormone gonadotrope agit sur les fonctions sexuelles.

3. *Le pancréas* est situé dans la zone du plexus solaire et il contrôle la libération du sucre emmagasiné par le foie. Ses sécrétions affectent le système digestif. Ce processus alimente l'organisme en chaleur et en force physique, par l'intermédiaire du flux sanguin. Un mauvais fonctionnement rend diabétique.

Au même niveau et à gauche, nous trouvons la rate qui fabrique des lymphocytes (globules blancs) et stocke les hématies (ou globules rouges). De plus, elle est en relation avec le plexus splénique et distribue l'énergie vitale aux sept centres majeurs.

4. Au-dessus du diaphragme et sous le sternum, se trouve le *thymus*. Les médecins des civilisations passées avaient noté l'importante action de cette glande en relation avec le courant vital émanant du cœur ; mais, jusqu'à une date récente, la médecine moderne n'avait trouvé aucune raison pour l'inclure dans l'ensemble endocrinien. Elle a maintenant admis son rôle dans les réactions d'immunité et commence à penser que le thymus peut être une glande de nature endocrine, en relation avec le nerf vague.

5. *La thyroïde* est placée à la base de la gorge, elle paraît enroulée autour de la trachée artère. Affectant l'ensemble du corps, ses hormones influencent particulièrement l'appareil respiratoire et le canal alimentaire. Une sérieuse déficience thyroïdienne donnera un individu borné, dépourvu d'intelligence.

Enveloppées par la thyroïde, d'autres petites glandes sont connues sous le nom de parathyroïdes. Elles jouent un rôle important dans le contrôle de l'équilibre du calcium et du phosphore nécessaires à l'organisme.

Les deux dernières glandes sont situées dans la tête et le cerveau :

6. Derrière le pont formé par le nez et un peu au-dessus se trouve la glande *pituitaire* (ou hypophyse) ; elle secrète plusieurs hormones dont certaines agissent sur la croissance du corps physique ;

elle est en relation avec la partie inférieure du cerveau et l'œil gauche. On la nomme « la Mère » ou encore « le Chef d'Orchestre ». Son activité entretient chez l'individu une personnalité dynamique et magnétique, le rendant efficace, optimiste et enthousiaste.

C'est dans cette zone que l'être humain rassemble et coordonne les divers aspects de sa personnalité. Ceci produit « l'alignement » nécessaire. Souvenons-nous de Gœthe qui disait : « Tout mon être se rassemble entre mes sourcils. »

7. A l'intérieur de la tête et située la plus haute dans le cerveau, se trouve une autre glande majeure, *la glande pinéale* (ou épiphyse). Elle n'est pas encore totalement reconnue par la science médicale mais, à l'égal du thymus, elle commence à être mentionnée dans les textes d'endocrinologie.

Pour le philosophe Gallien, la glande pinéale était le régulateur de la pensée, et pour les grecs, le siège de l'âme.

Elle est en relation avec la partie supérieure du cerveau et de l'œil droit.

Les trois aspects de la divinité, toujours présents en l'homme agissent au niveau le plus bas à travers le système endocrinien. Ainsi la Volonté de type Universel emprunte, pour véhicule, l'épiphyse, l'Amour, le thymus, et l'Intelligence créative, la thyroïde.

Les sept points ou Centres de Vie, les sept Rayons cosmiques et les sept Planètes du Système solaire sont en relation avec les sept glandes endocrines majeures de l'homme.

MÉDITATION

LA PORTE SECRETE

Position, respiration, détente.

Il est bon de pouvoir trouver ou retrouver l'aspect rafraîchissant du monde subjectif ; il faut apprendre à utiliser l'imagination créatrice, afin d'établir peu à peu une relation avec l'intuition. Oubliez votre vêtement de chair, vos réactions affectives et émotives. Votre mental devient calme et réceptif et vous entrez au centre de votre être, en reliant le cœur et la tête.

Maintenant, imaginez que vous vous trouvez au bord d'un vaste champ, bien vert ; ce champ est constitué d'innombrables feuilles et boutons de lotus. Ces boutons reposent, encore fermés, sur de larges feuilles toutes vertes, bien plates, doucement posées sur l'eau. Au-dessus de votre tête, il y a un beau ciel bleu, derrière vous le soleil brille au-dessus de l'horizon et vous vous sentez pénétré par ses rayons vivifiants. Devant vous, au-delà de ce vaste champ de boutons et de feuilles, vous voyez une belle et grande porte dorée. Elle vous apparaît de plus en plus clairement, les deux battants en sont fermés, et tout le reste disparaît dans la brume ; seule cette étrange porte est là, bien attractive et elle semble, magnétiquement, vous attirer.

L'action du soleil a mené la lente, l'étonnante ouverture des boutons de lotus. Peu à peu, le champ entier passe du vert dominant des feuilles, à la couleur jaune d'or des fleurs, elles s'épanouissent et s'ouvrent rapidemment, pétale après pétale. Et vous voyez ainsi un ensemble, une masse de fleurs d'or, largement ouvertes, elles absorbent, elles aussi, les rayons du soleil, irradiant tout leur or, puis elles le distribuent généreusement dans la nature qui paraît vibrer plus intensément.

Et vous ressentez comme une nécessité d'aller vous plonger dans cet or en fusion ; cela vous paraît impérieux et vous pousse vraiment. Voici que vous posez maintenant un pied dans ce champ, obligatoirement marécageux, et vous découvrez, au lieu de la boue et de l'eau nécessaires à ce genre de fleurs, vous découvrez un solide sentier. Il est là, sous vos pieds qui avancent prudemment. Le sentier est toujours là. Vous cheminez ainsi, doucement, glissant un pied devant l'autre ; ce sentier divise le champ en deux parties, et il mène droit au portail majestueux.

Vous continuez votre avance avec plus d'assurance sur ce sentier qui se révèle de plus en plus sûr, et vous voyez maintenant les deux battants de la porte ; ils s'entr'ouvrent lentement à votre approche, ceci afin de vous permettre d'entrer, dans ce qui doit être... un palais. Mais il y a de la brume et vous ne distinguez rien d'autre que cette porte qui s'ouvre de plus en plus, très lentement. Vous continuez en confiance, et vous vous sentez toujours plus attiré, magnétiquement. Vous oubliez le sentier, le champ de feuilles et de fleurs, vous avancez encore, et voici que vous atteignez la majestueuse porte maintenant ouverte.

Allez-vous entrer ? Vous hésitez encore, mais vous sentez que rien ne peut plus vous arrêter. Vous entrez donc et passez délibérément entre ses battants dorés. Et il vous appartient, à cet instant, d'imaginer ce que vous allez trouver derrière cette porte...

Souvenez-vous du « symbole de la porte ». Il permet de passer d'un monde concret et compliqué, à un autre, abstrait certes, mais plein de vraie simplicité, de clarté et de chaleur, c'est-à-dire de Lumière et d'Amour. Le cœur et le mental participent ainsi à la fête de la Vie ; là, ils se régénèrent, trouvent la force tranquille et aussi l'élan vital indispensables. Ayant régénéré votre corps éthérique et dissipé les troubles de type émotionnel, dans une nouvelle et claire perception mentale, vous sentez que tout devient possible, quant à la guérison.

Et ceci est vrai aussi bien pour vous-même que pour les autres, tous les autres et tout ce qui vit sur la Planète Terre. Il faut accepter d'apprendre à projeter d'abord sur l'ensemble de l'Humanité, son « intention curative ». C'est une première démarche, et vous en prenez pleinement conscience. On peut, ensuite, passer de l'ensemble au particulier.

LA TÉLÉPATHIE

Nous ne pouvons avoir abordé le corps éthérique sans parler de la Télépathie, avant d'en terminer avec lui. A ce sujet, il faut être conscient du fait que le corps éthérique de chaque forme (de chacun de vous qui formez ce groupe de travail) fait partie intégrante de la forme substantielle de la « Vie - Une ». Cette Source est nommée généralement Dieu ; en Elle, nous avons la vie, le mouvement et l'être. Ceci est une Loi fondamentale de l'Univers par rapport à ce que la science nomme « l'éther de l'Espace » qui est un océan d'Énergies interreliées, où existent des fréquences vibratoires d'intensités diverses, appelées ondes.

Le pouvoir de communiquer ainsi réside dans la propre nature de cette substance elle-même, par le fait qu'elle répond à l'activité subjective du mental humain. Dans un dictionnaire de Psychologie, au mot Télépathie, nous trouvons la définition suivante : « Transmission d'une pensée, ou de sa représentation en image-mentale (ou forme-pensée) sans l'intervention de l'un des sens connus (ou communs). »

L'importance de la relaxation est là, évidente ; recherchez donc le plus souvent possible cet état de détente sur les plans musculaire, nerveux, émotionnel et mental. Ensuite la concentration dans le cerveau devient possible. Sans cette concentration d'énergie au centre de la tête, aucune « émission claire » ne peut s'exprimer. La respiration rythmée trouve ici l'une de ses applications ; l'image visualisée sera envoyée sur « les ondes de l'Espace, par le souffle ». Tel un oiseau, elle va « s'envoler » et atteindre son objectif dans l'instant même.

Une condition est encore nécessaire : il faut se déployer, se dilater dans la vibration d'Amour parce qu'elle est, par nature, magnétique. C'est elle qui établit « la relation » avec celui ou ceux concernés, soit comme émetteur, soit comme récepteur, sur le plan mental uniquement.

Il faut savoir qu'il existe une forme de Télépathie instinctive et primaire s'appliquant soit, à la préservation des dangers (dans une peuplade en émigration, par exemple), soit pour la continuité et la reproduction de l'espèce, en rassemblant un homme et une femme sans intervention de la conscience (par une sorte « d'odeur hormonale »).

Puis, il y a la Télépathie de type astral dont « l'impression » s'effectue par le plexus solaire, à travers les sentiments exaltés reliant les humains. C'est ce qui se produit lorsqu'une mère « sent qu'il se passe quelque chose pour son enfant ». Les animaux participent à ces deux formes de Télépathie ; nous nous intéressons seulement à celle qui est de type mental et spirituel.

Les radios-libres sont, vous le savez, de plus en plus nombreuses ; elles émettent chacune sur une longueur d'onde précise et déterminée ; si vous accordez votre poste (dit transistor) sur cette fréquence, vous entendez le programme émis à cet instant, selon une technique bien établie et une puissance en MHz.

La Télépathie amène donc chacun de nous, grâce à son propre corps éthérique, à être, tour à tour, émetteur comme ces postes de radio qui envoient des messages sur des ondes porteuses, soit récepteur, par l'ouverture et la disponibilité intérieure, orientée dans le sens de « l'écoute subjective ».

Lorsque notre concentration mentale s'est focalisée dans le cerveau autour du point, dit de tension (ou de puissance), que la pensée est bien structurée et l'image claire, il suffit de « projeter » cette structure énergétique de qualité, vers le destinataire.

Il s'agit pour nous d'une « radio super-libre » échappant à toutes les contraintes administratives réglant la disposition et l'utilisation d'ondes répertoriées. Un même processus nous permet d'émettre, d'envoyer une pensée, un message, ou un symbole, mais il faut bien comprendre que *seule l'utilisation d'une fréquence ou vibration élevée,* permet d'échapper à celles utilisées sans cesse par les sons habituels (paroles et musique). Il faut aller « plus haut » et pour cela *la qualité de l'intention entre en jeu.* Nous comprenons ainsi que seul un motif d'intervention dans le sens d'un échange, ayant pour mobile le SERVICE, aura ces possibilités de transmission et de réception. (Envoyer un message, tel un jeu, pour voir « si ça marche », répondra naturellement à la loi des probabilités).

Dans les groupes de travail nous sommes invités à nous entraîner sérieusement, ceci dans le but d'établir, entre les membres, des possibilités d'échanges rapides et sûrs.

Dans les deux cas, il faut d'abord respirer correctement, prendre la bonne position de travail, après avoir détendu les autres aspects de sa constitution physique et émotionnelle, avant de se concentrer dans le cerveau.

Puis, suivant le cas, vous allez *vous mettre en position, soit d'émission,* après avoir créé l'image à projeter, *soit de réception,* si vous attendez une information ou une impression utile à votre travail dans le groupe. Dans cette deuxième attitude, vous allez parallèlement « vous ouvrir » aux perceptions subtiles, et aux intuitions. Ces dernières sont des directives envoyées par le Mental supérieur, captées lorsque vous êtes réceptif aux courants d'Énergies en provenance de la Triade spirituelle, où sont les Maîtres, dans la Hiérarchie.

C'est donc de toute manière un bon entraînement si votre intention a un objectif de type vertical, selon l'aspiration de l'âme. N'oubliez pas qu'elle est par sa nature même désintéressée du résultat, *il faut donc agir « avec détachement ».*

MALADIES LIÉES AU CORPS ÉTHÉRIQUE

Le corps éthérique est la forme intérieure et énergétique constituée de la substance de l'éther, sur laquelle le corps physique est édifié. Il est le cadre qui soutient le tout et la forme extérieure se modèle sur lui. Le réseau infiniment complexe des nadis (lignes de forces éthériques) constitue la contre-partie, l'aspect en duplicata du triple système nerveux, lui-même une partie très importante du mécanisme humain. Avec le courant sanguin, le corps éthérique sert d'instrument à la force vitale dont nous avons besoin.

Il est évident que s'il existe un point faible dans les relations entre cette structure intérieure et son expression extérieure, il en résultera de sérieuses difficultés. Elles peuvent être de trois sortes :

1. *le corps physique,* sous son aspect dense, *est relié de manière trop distendue avec la véritable forme* qu'est la contrepartie éthérique. Cela provoque un état de dévitalisation, de débilité, prédisposant le sujet à une mauvaise santé.

2. la connexion est mauvaise dans certaines directions, certains aspects. *La force vitale n'arrive pas* de ce fait *à s'écouler normalement à travers les centres de vie.* Il en résulte une déficience caractérisée dans la partie correspondante du corps physique. Pour ne mentionner que deux désordres, très différents mais de cette nature, nous trouvons l'impuissance sexuelle et la tendance à la laryngite. (2ème et 5ème centre)

3. lorsque la connexion est très relachée, ou mal établie, *l'âme a très peu d'emprise sur la forme extérieure.* L'obsession, ou la possession, peuvent alors aisément s'installer, fournissant un exemple des sérieuses difficultés inhérentes à ces états. A un moindre

degré, on rencontre aussi certaines formes d'évanouissement ou de pertes de conscience.

Toutes les maladies du corps éthérique se classeront selon sa fonction triple. Elles seront donc :

- soit *fonctionnelles,* affectant ainsi la réception du Prana,
- soit *organiques,* affectant alors la distribution du Prana,
- soit *statiques,* affectant ainsi le réseau, que l'on peut considérer comme un cercle infranchissable, séparant le corps physique de l'astral (émotionnel - affectif).

Les désordres fonctionnels sont donc en rapport avec la réception de la vitalité, issue du Prana solaire, à travers les centres concernés. Quant aux émanations du prana planétaire, elles sont en relation avec la chaleur latente de la matière. Lorsque ces dernières sont bien reçues par un corps éthérique, fonctionnant correctement, elles coopèrent avec la chaleur latente du corps physique. Puis, se mêlant à cette dernière, elles entretiennent la vitalité du corps, imposant ainsi à la matière corporelle un certain taux de vibration. Ce dernier conduit à la nécessaire activité du corps physique et au bon fonctionnement de ses organes. Il est évident que la santé corporelle dépend essentiellement d'une bonne réception du Prana solaire et que les changements fondamentaux à apporter dans la vie de l'homme se situent d'abord dans ses conditions de vie, en tenant compte de cet important aspect.

A l'heure actuelle et par suite d'une mauvaise organisation existant depuis des siècles d'erreurs de base, certains centres vitaux ne fonctionnent pas bien. Celui situé entre les omoplates offre maintenant de meilleures conditions de réceptivité, bien que l'état médiocre d'alignement de la colonne vertébrale amène une position du dos plutôt mauvaise, généralement.

Le centre de la rate, placé près du diaphragme, est souvent sous développé, et ses vibrations ne sont pas correctes en fonction des besoins.

La race humaine souffre actuellement de certaines incapacités, elles peuvent être décrites ainsi :

— Difficulté à se brancher sur les courants vitaux ambiants à cause d'un genre de vie mal compris et mal organisé. Coupés de la source d'approvisionnement, les Centres s'atrophient et se rétrécissent. Ceci s'observe surtout chez les enfants des quartiers surpeuplés des grandes villes. Lorsque les rayons solaires porteurs de Prana ont libre accès aux épaules et au diaphragme, l'état du Centre de la rate s'améliore automatiquement.

— Une attitude contraire consistant à trop puiser dans ces courants. Par une exposition trop directe et trop prolongée aux rayons du soleil, les Centres sont excessivement développés, ils vibrent alors trop rapidemment. Le corps éthérique devient ainsi paresseux, il est comme un réseau distendu et ressemble à une raquette de tennis devenue trop molle, ayant perdu son ressort. Les désordres dûs à la congestion ou à la destruction des tissus sont relatifs à l'absorption excessive qui entraîne une fusion trop rapide avec le feu physique latent. Nous en avons une illustration dans l'insolation, ou le coup de chaleur. Les médecins en connaissent seulement les effets, ce sont en fait des désordres entièrement éthériques.

Quand la nature de ce corps sera mieux comprise et que des soins éclairés lui seront prodigués, ce genre d'accident sera évité ; ils sont dûs uniquement à une trop grande absorption du feu solaire : ceci peut aller jusqu'à entraîner la mort, ou bien à créer des troubles sérieux par congestion du réseau éthérique. Dans certains cas, on arrive au même résultat, mais par destruction de la matière éthérique.

La congestion éthérique peut ainsi conduire à plusieurs formes de maladies et à des troubles très sérieux, tels que l'épaississement anormal du réseau éthérique empêchant le contact avec le Principe supérieur, l'âme, d'où des conséquences telles que l'idiotie, ou certaines maladies mentales. Elles peut aussi causer des proliférations tissulaires anormales, ou l'épaississement des membranes d'un organe interne, détruisant ainsi la santé physique. La destruction de ces tissus peut encore conduire à différents genres de folie, dont ceux considérés comme incurables. Lorsque le réseau est brûlé, cela ouvre la porte à des courants très violents de type astral, contre lesquels la médecine est impuissante ; le tissu cérébral peut être réellement détruit par cette pression.

La congestion des tissus, le défaut d'intégration des forces reçues et l'hyperstimulation des centres, sont évidemment des causes fondamentales de maladies en ce qui concerne le corps physique, mais elles sont fréquemment les effets de causes plus subtiles, émanant des désirs des corps astral et mental. Dans le cas d'hyperstimulation, elle résulte parfois du contact avec l'âme elle-même ; ceci entraîne alors dans le corps éthérique, une congestion qui aura des conséquences pour le corps physique. L'expérience de l'incarnation doit pouvoir être interrompue naturellement, comme l'âme en a décidé lorsque ceci se produit. Cette hyper-stimulation peut avoir lieu soit au point d'entrée et de contact venant du corps astral de l'homme, soit au point de sortie toujours relié au Centre, et vers lequel le type particulier de force éthérique est dirigé. Donc, lorsqu'il n'y a pas un libre jeu entre le corps éthérique et le corps astral, des troubles se manifestent. Lorsqu'il n'y a pas également un libre jeu entre le corps éthérique et le corps physique, y compris les plexus nerveux et le système endocrinien, il se produit des congestions, sources de maladies physiques.

Nous retiendrons que le corps éthérique sert de lien entre le corps physique (l'automate) et l'astral (monde des désirs et des émotions). Il doit permettre à l'âme d'infuser la personnalité, qui ainsi, trouve son expression juste dans la vie. Récepteur, assimilateur et transmetteur du Prana solaire, on le considère comme le « tissu de liaison » dont les fils innombrables sont les nadis. Ils aboutissent aux sept ouvertures majeures ou Centres, situés dans la colonne vertébrale et le cerveau. La couleur qui équilibre le corps éthérique est le violet.

Le guérisseur doit apprendre à trouver la vibration juste. En devenant un TRANSMETTEUR il captera puis émettra les Énergies curatives, les Énergies d'Amour du IIème Rayon Cosmique. Elles s'expriment sous forme de Lumière à travers ses propres points de vie, ses chakras, sortes de « roues tourbillonnantes » et distributrices. Lorsqu'elles sont en activité correcte, animées par une intention pure et altruiste, elles participent à l'action du guérisseur, dont le rôle se borne, uniquement, à les diriger.

MÉDITATION

TOUT EST EN SOI

Position, respiration, détente.

Concentrez-vous d'abord, sur la portion d'espace occupée par votre corps, dans le cadre qui vous environne, puis imaginez que vous regardez à l'intérieur de votre tête.

Maintenant, portez toute votre attention sur votre cerveau et imaginez que vous devenez de plus en plus petit et que vous pénétrez ainsi dans votre tête. Vous rapetissez naturellement et vous vous identifiez à un point bleu nuit, situé au centre même de votre cerveau. Vivez cela et réalisez que votre conscience peut s'élargir à l'infini ; de la même manière, elle vous permet de devenir un point, seulement un point, un atome qui vit, vibre et participe à la Vie de l'Univers.

Plus vous vous fondez dans ce tout petit espace, plus votre mental et votre conscience s'ouvrent à la vie. Ouvrez tout grand, puis videz votre mental, à travers le cerveau, ouvrez-le davantage, videz-le en le contractant. Percevez cela, ouverture, fermeture, exactement comme les poumons qui se dilatent et se contractent ; ainsi le cerveau s'assouplit. Ne forcez rien, restez détendu nerveusement. Sentez-vous bien concentré mentalement et orientez vos pensées vers le haut et le plan spirituel. Demeurez souple, détendu et sans aucune crainte ni crispation.

Pénétrez davantage encore dans votre espace intérieur, ouvrez votre mental, videz-le, puis attendez. Attendez en confiance, vous entrerez ainsi plus avant encore en vous-même. Apprenez à vous orienter, à intégrer votre univers intérieur. Tout est à l'intérieur de soi, il faut apprendre à relier le centre du cœur et le centre de la tête, l'amour et la pensée dans la lumière.

Maintenant, devenez humble dans votre cœur, attentif mentalement et profondément sincère. Efforcez-vous de vous détacher plus encore de votre petit Moi, éliminez toute influence de votre personnalité, recherchez la relation subjective, oubliez-vous et pénétrez dans les aspects subtils de la Vie. Acceptez d'aller ainsi à la recherche des Lois et des Énergies qui régissent la guérison. Votre personnalité s'efface afin de ne pas influencer les perceptions venant du mental supérieur à travers la conscience subjective.

Acceptez de participer vraiment à cette expérience ; pour cela, mettez en vous « la ferveur », elle seule engendre l'élan indispensable. Il faut passer de l'inférieur au Supérieur, pour cela, visualisez une ligne de lumière au-dessus de votre tête, elle sert de « pont ». Cette ligne, il faut la tisser soi-même avec sa propre lumière, celle de son âme.

Vivez tout cela, fondez-vous dans l'amour le plus pur émanant de votre cœur. Pénétrez davantage dans la Lumière et rapetissez jusqu'à ne devenir qu'un point, un point bleu nuit, situé dans votre cerveau. Franchissez la porte étroite, celle de la sortie du monde inférieur ; elle est aussi l'entrée du monde spirituel, et vous vous retrouvez ainsi de l'autre côté, au-delà du « voile » des illusions et des mirages habituels.

Et voilà que vous vous sentez renaître, vous êtes baigné par la Lumière de l'âme, vous vous ouvrez comme une fleur qui s'épanouit, vous vous élargissez, vous vous déployez dans un nouvel univers, et votre conscience devient infinie. Votre conscience est transparante ; elle est un joyau, elle est un pur cristal et une fleur parfumée ; elle est un magnifique lotus situé au-dessus de votre tête. Maintenant, en conscience et avec ferveur, vous vous unissez à tous vos frères ; vous vous sentez en harmonie totale avec l'Humanité, et avec la Vie toute entière... Tout devient simple, clair, lumineux et tellement beau ! La beauté existe, elle est là, pure, sans tâche, inaltérable.

Si vous avez pu vous identifier aux splendeurs du monde subtil, vous avez dépassé toutes les chaînes terrestres, et avez trouvé une perception plus juste des choses d'ici-bas et des valeurs réelles qui ouvrent le sens du « partage ». Alors naît une immense reconnaissance ! Un profond sentiment de gratitude jaillit et il élève votre vibration.

Percevez les nouvelles possibilités qui s'éveillent doucement en vous. En unissant la Volonté du Logos à l'Action intelligente, tout imprégné de l'Amour universel, vous approchez de l'état permettant de guérir ceux qui souffrent et attendent cela de vous.

Cette expérience se termine. Revenez doucement vers votre état habituel. Peu à peu, vous vous réintégrez, vous retrouvez votre conscience objective et commencez à respirer profondément...

SOPHROLOGIE ET CONSCIENCE

La Sophrologie se veut à la fois une science, une philosophie, une thérapeutique et un art, dit le Professeur CAYCEDO, Neuro-Psychiatre. Il appartient à la faculté de Médecine de Barcelone (Espagne) et a créé cette technique en 1960 ; elle s'intéresse aux niveaux et aux états de la conscience humaine.

Il s'agit d'une recherche phénoménologique, allant des éléments de structure de la Conscience universelle et essentielle, à la conscience de l'homme, limitée par son individualité et sa personnalité. La démarche se situe dans l'activation évolutive ; ceci passe par une *relaxation essentiellement dynamique*, afin d'amener des *modifications positives* dans la conscience perturbée (pathologie négative).

Le cadre des recherches de base, ainsi que celui des applications proposées, s'inspire de l'Orient. La récupération d'ordre psychologique va dans le sens de l'intégration au monde spirituel. Il s'agit d'allier, au mieux, SOS (harmonie) à PHREN (âme ou psyché).

Le premier degré propose une *Relaxation dynamique concentrative* ; elle commence par la respiration rythmée. La récupération s'effectue à l'aide d'un élément neutre et naturel : se sentir bien à la campagne.

Le deuxième degré, dit contemplatif, s'appuie sur un entraînement relatif à la perception de son schéma corporel, tout en faisant des esquisses de mouvements des bras, des jambes et du cou. Débloquer la nuque, en tournant la tête de droite à gauche, très doucement, puis, par une légère rotation, est un excellent exercice. La prise de conscience de la lourdeur (rencontrée dans le Training Autogène) puis celles de l'équilibre et de l'épanouissement de soi, suivent. La proposition est la suivante : les yeux clos, imaginez que votre conscience enveloppe votre corps physique. Puis, analysez les sensations et perceptions nouvelles qui en résultent. Ensuite, la pensée consciente intervient, elle s'allie à la respiration profonde, afin « d'envoyer des souhaits de paix aux êtres chers, mais aussi à tous les êtres ». Réalisez la limitation de votre corps et percevez que votre conscience est, elle, illimitée ; elle peut inclure l'humanité entière et véhiculer vos souhaits.

Le troisième degré conjugue les disciplines physique et mentale, acquises par la position de la colonne vertébrale et la relation consciente entre cette dernière, le cerveau et le mental. L'ouverture se fait maintenant *vers la méditation*, son but consiste à éveiller certaines zones de la conscience par un « vécu subjectif » ; c'est une relaxation dite réflexive.

Aucun de ces degrés ne peut être confondu avec l'hypnose, devenue dangereuse et dont les phénomènes résultent d'un sommeil partiel du cerveau (exploité de diverses manières). *La conscience est notre bien le plus précieux*, il ne faut donc pas la laisser s'engourdir artificiellement, soit par soi-même, soit l'auto-hypnose, soit par un hypnotiseur. Le Tibétain la considère comme « un art interdit de nos jours ».

La Sophrologie présente une approche des techniques psychosomatiques orientales les plus importantes, tirées du Raja-Yoga, du Bouddhiste de l'Inde et du Zen japonais, mais, adaptée au tempérament occidental. Elles sont utilisées par le Sophrologue ; son outil est le « Terpnos-Logos », cette parole douce dont parle Socrate. La parole aimante et persuasive entraîne l'être humain tout entier vers le royaume de l'âme et la guérison en découle. Platon appelait « Sophrosynê », l'état de calme et de concentration suprême du mental ; c'est lui, disait-il, qui amène à être sain de cœur, de tête, et dans tout le corps. Dans la Grèce antique, la Sagesse consistait à « ne pas soigner l'un sans l'autre ».

Maintenant, percevez que votre conscience s'élargit ; elle s'élargit de plus en plus et elle s'élève aussi, ce qui amène vos vibrations à se modifier positivement ; ceci afin de pouvoir vivre mieux encore dans l'état recherché ; cet état précède toujours la méditation « dite Dhyana », méditation de forme contemplative. L'alignement correct des corps subtils y est nécessaire, mais elle ne peut s'effectuer sans la détente musculaire, nerveuse et mentale.

Se relaxer est devenu indispensable dans notre civilisation où les tensions sont innombrables. Nous devons donc apprendre à nous soustraire du monde extérieur et horizontal, afin d'établir une autre relation de type vertical. Le « Lotus aux mille pétales » est situé au sommet de la tête ; il peut nous aider à établir les relations nécessaires par l'identification aux plans spirituels, avec l'aide de l'âme, le lien toujours présent s'exprimant dans le silence lorsque nous sommes parvenus au-delà des paroles et aussi des pensées. Apprenons à écouter « sa petite voix » et soyons attentifs au monde intérieur. Là se situent les vraies richesses inaltérables, elles sont source de guérison pour soi et pour autrui.

LE CORPS ÉMOTIONNEL (ASTRAL)

Pour la majeure partie de l'humanité, c'est le corps émotionnel (ou astral), qu'il faut considérer comme essentiellement déterminant. Il est une cause essentielle de la mauvaise santé, du fait de son puissant effet sur le corps vital-éthérique. Le corps physique est un automate, soumis à celui des corps intérieurs dominant. Rappelez-vous que le corps vital est une sorte de récipient recevant des courants d'énergie ; il est composé de ces courants et ceux-ci mettent en mouvement le corps physique. Le plus puissant est donc celui déterminant les actes du corps physique sur son propre plan. Il faut se souvenir aussi que *la maladie apparaît comme une expression du plan physique, alors qu'elle est un effet, un résultat seulement.*

L'emploi du mot « corps » est assez malencontreux du fait qu'il produit l'idée d'une forme définie, d'une configuration spécifique. Or le corps émotionnel est un agrégat de forces subtiles pénétrant dans la conscience en tant qu'expression de désirs, d'impulsions créées par de fortes envies, de sentiments déterminants, de mobiles et projections. Ces forces établissent ainsi une base pour certains comportements enseignés par la psychologie moderne. Les psychologues ont découvert (ou plutôt retrouvé) la nature de certaines de ces forces ; leur terminologie est souvent plus exacte que celle de certains ésotéristes, ou théosophes orthodoxes, toujours rattachés à un dogme étroit et sectaire.

Le plan astral est le plan de l'illusion, du mirage, celui d'une représentation déformée de la réalité. Tout individu agit activement dans la matière astrale ; les puissances du désir humain et du désir mondial sont telles qu'elles produisent des « représentations », des échafaudages de formes, créant ainsi des effets « dans la manière astrale ». Les désirs individuels, nationaux, ou raciaux, ceux de l'humanité entière, plus les désirs instinctifs de toutes les vies sub-humaines, suscitent des mouvements et des déplacements constants dans la substance de ce plan. Il s'y édifie des formes temporaires, certaines sont belles, d'autres, pas du tout ; il y en a même d'horribles et la force astrale de celui les créant mentalement, les vitalise. Ajoutez à ces formes, le film persistant, sans cesse augmentant par l'importance donnée aujourd'hui, ayant trait à *l'histoire affective du passé personnel et collectif.* Joignez-y aussi *les activités des désincarnés* ; ils passent nécessairement sur le plan astral, soit à la sortie, soit à la rentrée en incarnation. Mais il y a, en outre, l'aspiration puissante, purifiée et intelligente, de toutes les vies surhumaines des disciples et des initiés. Les forces, ainsi présentes, atteignent un total stupéfiant ; tout cela joue sur, autour de et à travers chaque être humain, chacun de nous. La réponse dépend de notre propre corps physique, de l'état de nos sept centres de vie qui le conditionnent à travers le corps éthérique, plus notre propre orientation émotive et mentale.

Le plan astral est celui où agissent et réagissent les valeurs opposées, c'est là où les tiraillements et les grandes dualités se font le plus sentir. Ainsi la lumière et les ténèbres réagissent mutuellement en tant que connaissance et ignorance. Le plaisir et la douleur, le bien et le mal se rencontrent ; ils forment « le duel sur ce terrain », tout comme richesse et pauvreté sont, également, mises en valeur l'une par l'autre. *Toute la situation économique moderne est de nature astrale* ; elle est le produit et le résultat d'un usage égoïste des richesses matérielles de la Planète, par ceux ayant su les accaparer à leur profit.

La première chose à remarquer est cette dualité. Par le bien qui attire, on voit le mal (il représente toujours la moindre résistance). Par la sensation de la douleur, on peut ressentir et percevoir le plaisir ; tel est le balancement entre deux grandes forces. A l'opposé de l'amour qui épanouit et relie, la jalousie replie, la haine divise et bloque, devenant source de maladie.

Le plan astral est celui où l'homme fait l'expérience de trois états de conscience :

1. *Il atteint, par ses cinq sens qui l'informent, la conscience dans le monde des formes ;* puis il développe peu à peu la faculté de réagir aux sensations avec sagesse et intelligence. Il partage cette forme de conscience avec le monde animal, tout en le dépassant, grâce à son mental capable, lui, d'établir des rapports et de coordonner les pensées.

2. *Une certaine sensibilité l'amène à la perception des humeurs, des émotions et sentiments, désirs et aspiration* ; ils prennent en lui leur origine dans le principe de la conscience (en tant que reflet), partageant alors cette tendance avec ses semblables. Plus la sensibilité est grande, plus les réactions sont accentuées et les reflets ou mirages sont pris pour des réalités, et ce, tant que la prise de conscience spirituelle n'est pas faite.

3. *L'éveil spirituel est « l'aspect sensible à la qualité » venant de la conscience supérieure* ; ceci présuppose déjà la domination de la nature mentale inférieure. Cette faculté conduit d'abord vers le mysticisme et la contemplation extérieure, ensuite vers l'ésotérisme, la vie subjective et intérieure orientée vers le centre et l'Ashram.

En termes symboliques, la substance du plan astral est animée de trois types de forces qui, réunies, produisent la grande illusion dans laquelle nous sommes plongés. Ce sont :

a) d'abord *la force du désir égoïste.* Primitive et involutive, elle joue un grand rôle dans le déroulement et l'évolution humaine ; l'égoïsme sert de « nourrice » aux âmes infantiles en assurant leur auto-protection.

b) en second lieu, *la force de la peur.* Elle est le produit de l'ignorance et non, à ses débuts, le produit d'une pensée fausse. Sa base instinctive se retrouve dans le règne (non mental) des animaux, comme chez certains humains primitifs. Pour les hommes cultivés, le pouvoir de la peur est grandement accru par le mental inférieur, par le souvenir de douleurs, de torts anciens subis, ou encore, par l'anticipation de ceux que l'on redoute, ou prévoit. Le pouvoir de la crainte insidieuse est ainsi fortement aggravé par la pensée même de nos propres peurs, souvent obsédantes. Ces formes-pensées deviennent plus puissantes par l'attention accordée ; on a souvent répété que la crainte est une illusion et cette déclaration ne sert à rien. En admettant cette généralisation, il est extrêmement difficile d'y penser positivement au moment opportun.

c) troisièmement, *vient la force de l'attraction sexuelle.* C'est une attirance s'exprimant sur le plan physique, une sorte d'élan renversé par un type de force involutive. Sur le plan cosmique et ce que l'on nomme le « Sentier de Retour » de l'homme, elle se manifeste comme force et Loi d'Attraction entre l'Esprit et la matière. Physiquement, c'est la poussée de la vie qui tend à unir le mâle et la femelle dans le but fondamental de procréer. Ceci a été transformé ensuite en désir de jouissance, de plaisir.

L'humanité en est maintenant au point médian. L'homme est emporté par le désir égoïste et l'ambition ; il est torturé par ses craintes, celles de sa famille, les peurs nationales et mondiales. Il est dominé par le sexe et par l'argent, autre manifestation de type matériel. Son problème est donc triple, mais il est bien équipé mentalement pour le résoudre à ce stade de l'évolution de l'Humanité. *Une véritable opportunité est offerte par le Service qui libère.*

Souvenons-nous que toute énergie astrale fait partie de l'énergie astrale du Système solaire, et que :

— le corps sensible d'un être humain est un atome de la substance du corps sensible du Logos Planétaire (Dieu),
— le corps sensible (ou affectif du Logos Planétaire est un aspect - mais non un atome - du corps sensible du Logos Solaire,

— celui-ci est, à son tour, influencé et canalise des forces sensibles émanant de vastes centres d'énergie, situés dans et hors de notre Système solaire.

Dans ces conditions, on voit que l'homme, fragment infime d'un tout plus vaste, lui-même incorporé dans un véhicule plus

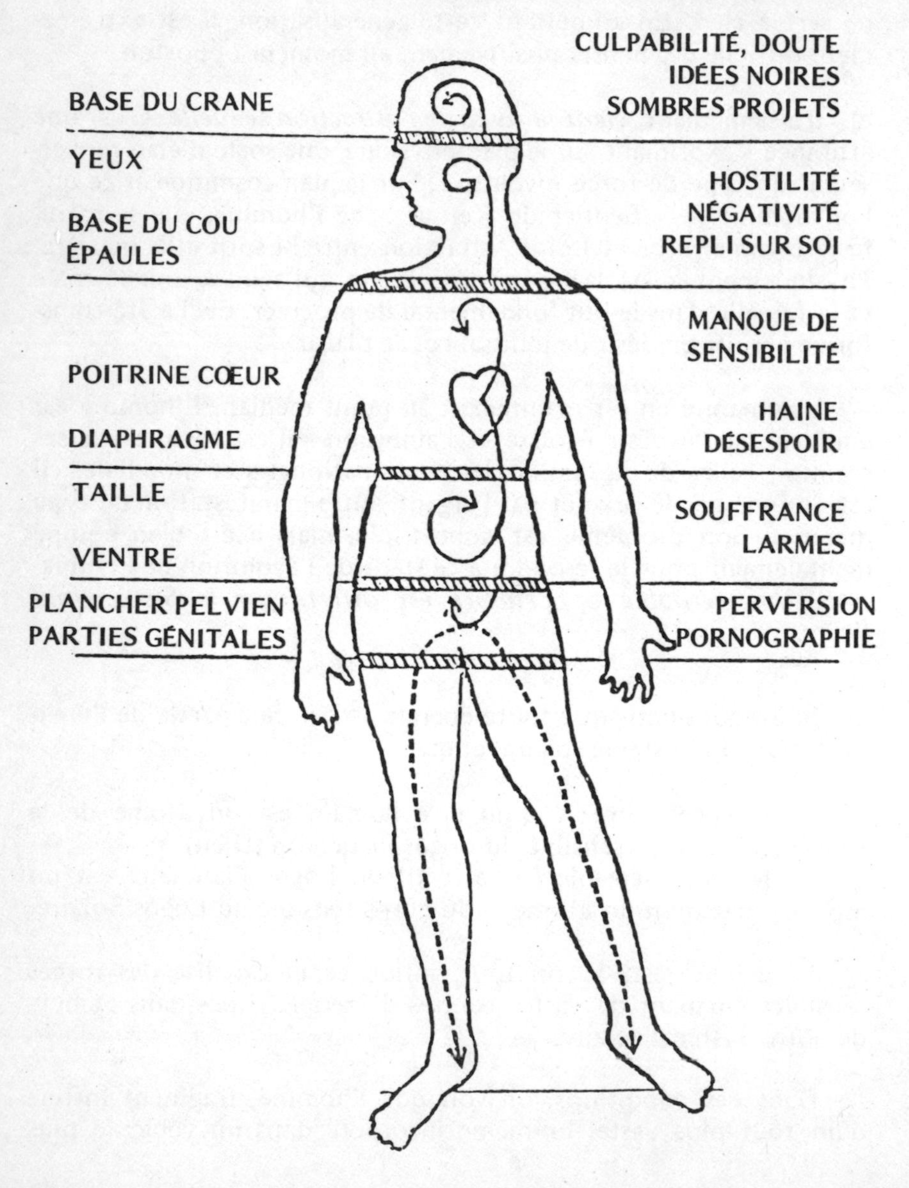
PENSÉES ET ÉMOTIONS
NÉGATIVES
BASE DU CRANE
CULPABILITÉ, DOUTE
IDÉES NOIRES
SOMBRES PROJETS
YEUX
BASE DU COU
ÉPAULES
HOSTILITÉ
NÉGATIVITÉ
REPLI SUR SOI
MANQUE DE
SENSIBILITÉ
POITRINE CŒUR
DIAPHRAGME
HAINE
DÉSESPOIR
TAILLE
VENTRE
SOUFFRANCE
LARMES
PLANCHER PELVIEN
PARTIES GÉNITALES
PERVERSION
PORNOGRAPHIE

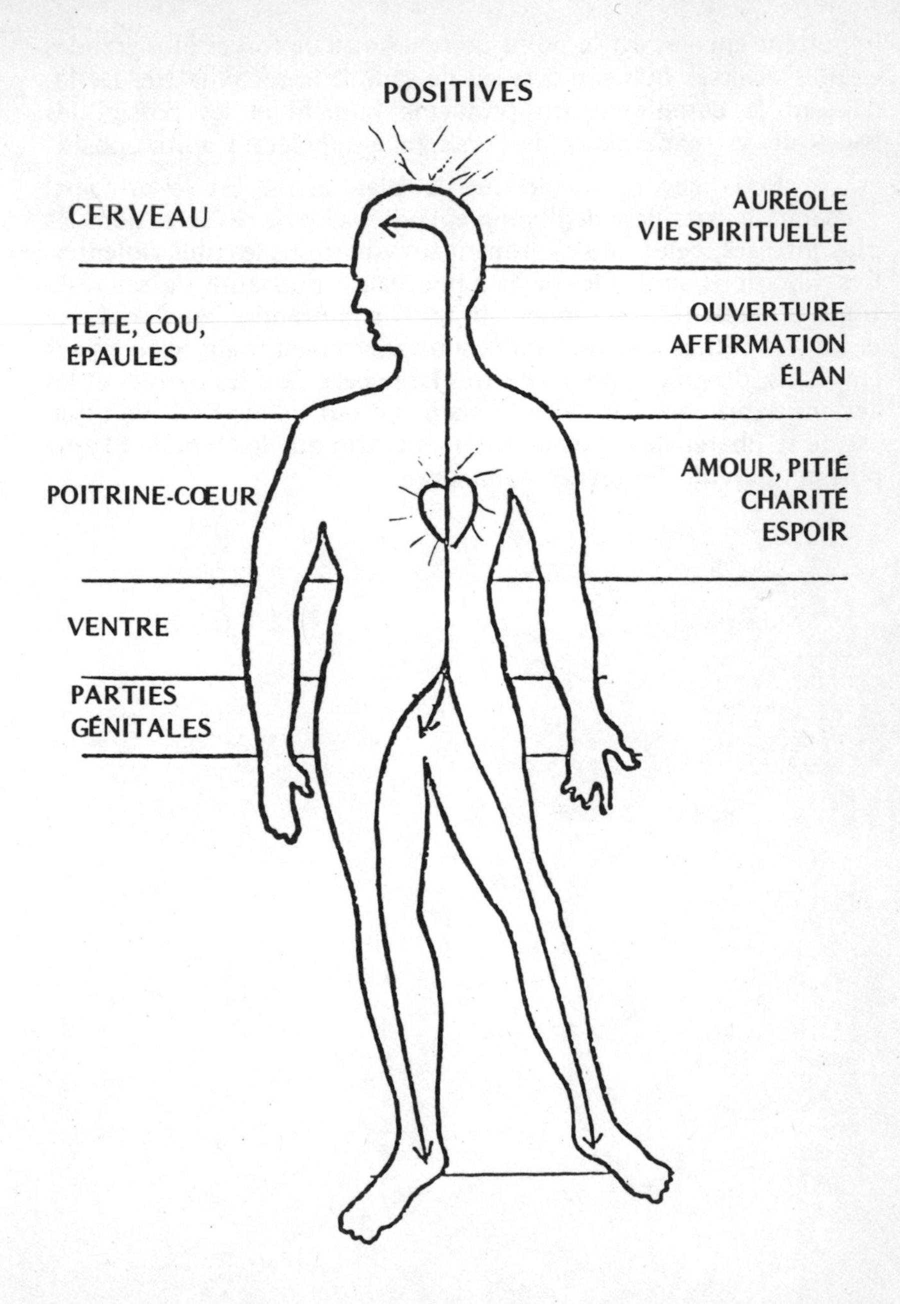
POSITIVES
CERVEAU
AURÉOLE
VIE SPIRITUELLE
TETE, COU,
ÉPAULES
OUVERTURE
AFFIRMATION
ÉLAN
POITRINE-CŒUR
AMOUR, PITIÉ
CHARITÉ
ESPOIR
VENTRE
PARTIES
GÉNITALES

important encore, est le point de rencontre de forces plus grandes et plus diverses que son cerveau ne saurait le reconnaître. De là, naissent la complexité du problème humain et les possibilités issues de ses expansions de conscience appelées « initiations ».

Nous devons savoir que le plan astral est le principal « champ de bataille » de l'homme, le domaine de ses sensations les plus intenses, celui où s'expriment ses vibrations les plus violentes. Ces vibrations sont elles-mêmes une cause puissante de ses réactions et activités physiques. Il faut comprendre aussi que les dévas, ces petites vies animant la substance constituant le corps des émotions, dominent pour une très large part dans les paroles et les actions exprimées par l'être humain. Le but même de l'évolution est de se libérer de cet assujetissement, afin que le Mental et l'âme puissent devenir l'influence dominante.

MEDITATION

AU BOUT DU LAC

Positive, respiration, préparation, détente.

Dans votre oeil mental et intérieur, créez l'image d'un lac voyez ses eaux bleues, sombres, qui s'agitent doucement ; ce lac est entièrement entouré de montagnes. C'est la fin de la nuit ; tout est calme ; sur le lac, aucun bruit, excepté le léger clapotis de l'eau sur la coque d'un petit bateau blanc, dans lequel vous vous trouvez aussi.

Chacun de vous a son propre bateau, le vôtre est presque immobile ; il se balance doucement sur les eaux calmes. Voici que l'aube pointe à l'est, entre deux montagnes ; soudainement la clarté apparaît et elle chasse les ténèbres, c'est juste avant l'aube qu'elles sont le plus épaisses. La lumière se précise ; elle croît peu à peu ; voici le disque solaire qui apparaît maintenant, il est rond, brillant et lumineux. Sur l'eau vous apercevez les autres petits bateaux ; ils sont tous semblables et se dirigent lentement vers ce disque d'or en fusion.

Vous ramez doucement et allez, tous ensemble, vers le soleil qui se lève majestueusement ; il miroite déjà à l'extrémité orientale du lac. Il y a ainsi deux soleils, celui qui monte dans le ciel et son reflet dans l'eau. Cette image du reflet est celle de notre vie dans la personnalité ; nous vivons pendant longtemps dans le reflet sans le savoir, c'est l'astral.

Maintenant, le jour est là et vous ramez toujours doucement, comme les autres embarcations. Parti du milieu du lac, vous êtes arrivé près d'un petit couloir s'engageant entre les montagnes ; il est situé juste là où le soleil vient de sortir de l'ombre. C'est le moment du choix, allez-vous poursuivre et vous engager là ... ?

- Qu'y a-t-il au-delà de ce défilé, situé entre les rochers ? ... - Où va ce couloir menant derrière les montagnes ... ?

Mais voici que vous vous sentez poussé par une force puissante, vous êtes comme dirigé, vous continuez donc à ramer et à avancer, vous parvenez ainsi au bord d'une merveilleuse crique. Il y a, là, une plage de sable blond. A l'arrière plan, des arbres verts et bien feuillus, des fleurs de teintes variées, toutes très belles, des oiseaux qui chantent ; tout ceci vous incite à vous arrêter. C'est un autre monde, il paraît tout neuf ; ce cadre est calme, serein et harmonieux. On peut imaginer ainsi ce que nous nommons « le Paradis perdu » ... Vous ne résistez pas à la tentation, vous descendez du bateau et vous vous asseyez sur ce beau sable blond, fin, si doux ; et surtout, il y a cette merveilleuse lumière !

Vous comprenez soudain que vous n'êtes pas venu là, « par hasard », il n'y a pas de hasard, les moments privilégiés existent. Et voilà que, subitement, vous savez avoir, ici, un rendez-vous, un rendez-vous avec... avec... « Votre âme »... avec ce Maître toujours présent en soi et que l'on rencontre parfois, lorsque l'alignement et l'unité se sont établis à l'intérieur de nous-même.

Oui, là, dans ce lieu discret et enchanteur, vous allez la rencontrer vraiment, vous allez pouvoir dialoguer avec elle, lui dire peut être combien la route a été longue avant de trouver le lac, la plage et sa Lumière. Vous savez qu'elle vous écoutera, qu'elle comprendra ; elle aussi, sur son propre plan a attendu longtemps, sans savoir si vous alliez venir vers elle, ni quand... Enfin, c'est chose faite, vous voici réunis. Sa vibration chaude, douce, subtile et pénétrante vous envahit, alors quelque chose de sombre, d'inférieur et de lourd disparaît. Le meilleur de vous-même jaillit ; c'est un état nouveau fait de félicité vibratoire et d'expansion infinie. C'est un instant ineffable dans l'Éternité, suspendu ... !

Quelle question allez-vous lui poser ? Qu'avez-vous à comprendre pour le Bien supérieur ? Elle peut répondre à tout ce qui concerne la vraie Vie, vos qualités et à ce qu'il en manque. Posez maintenant la première question dans votre mental, montez-la dans une inspiration profonde, devenez réceptif, ouvert et atten-

tif. Voici l'expiration et la réponse est déjà là, claire, translucide, votre cerveau s'en imprègne. Il lui faudra peut-être un peu de temps, mais il saura l'exprimer clairement et la conscience le saura alors, à son moment. Comme c'est simple et merveilleux à la fois, cette rencontre consciente ... !

Grâce à un petit voyage de type subjectif, tout étant calme en soi, alors que règnent quiétude et confiance, chacun peut rencontrer, ainsi, son âme ; il faut apprendre à aller vers elle, lui parler et, surtout, l'écouter. Quelle que soit votre difficulté du moment, la solution vous parviendra toujours. Une seule obligation : être sincère avec vous-même et accepter la vérité, telle qu'elle jaillira. Ensuite, bien sûr, l'ayant reçue, il faudra l'appliquer dans la joie et dans l'impersonnalité, afin de pouvoir établir le contact avec le groupe, celui du Rayon de votre âme, et avec le groupe de guérisseurs. Ce groupe existe sur le plan subjectif, en permanence.

Dans les moments de choix délicats, ou de décision importante, faites à nouveau le voyage dans le petit bateau blanc ; asseyez-vous sur le sable blond et ouvrez votre Etre à la Voix de votre âme, c'est elle que l'on nomme « La Voix du Silence » ; il faut apprendre à l'écouter.

L'expérience se termine, vous commencez à respirer profondément et vous retrouvez votre conscience objective...

LA PSYCHOSYNTHESE ET L'IDENTIFICATION

Le professeur ASSAGIOLI, Neuro-Psychiatre italien, se situe essentiellement dans la ligne de JUNG quant à sa psychologie. Il fonda l'Institut de Psychosynthèse à Rome en 1926, après la mise au point d'une méthode par laquelle il voulut déterminer que le corps, les émotions, les sentiments et l'intellect, sont seulement des instruments d'expérimentation. Pour lui, ce qui compte en l'homme, c'est le « Centre de conscience pure ». Pour l'atteindre il faut se désidentifier de l'inférieur, puis s'auto-identifier au Supérieur, en soi. Telle est « la clé » conduisant à la maîtrise réelle des processus psychologiques et à l'éveil spirituel. Ainsi, un fonctionnement organique bien coordonné dans le rythme, facilite l'effort conscient, constructif, et amène à contacter une énergie spirituelle. D'autres forces vitales, mieux organisées, naissent alors du fait que l'énergie est neutre et qu'elle contient la qualité.

Les fonctions du corps humain qui, en apparence, restent anatomiquement et physiologiquement distinctes, ont leur activité dirigée et coordonnée synthétiquement par les systèmes nerveux, sanguin et endocrinien ; il s'agit là d'une bio-synthèse. L'éducation par la connaissance et l'utilisation de l'imagination peuvent intervenir positivement. Les recherches effectuées dans ce domaine sont concluantes, il suffit de vivre mieux, en imagination, en ajoutant la force de l'aspiration à autre chose de meilleur, pour faire de rapides progrès. Ainsi, l'être humain peut s'imaginer être capable de faire ce qu'il croit ne pas pouvoir réaliser ; en acceptant cette démarche mentale, il devient plus proche de cette image positive de lui-même. Une modification libératrice des inhibitions peut intervenir naturellement, amenant de nouvelles possibilités.

Nous possédons tous cette capacité en nous, mais en général, nous ne savons pas l'utiliser parce que nous sommes restreints et limités, esclaves des idées reçues et de nos propres pensées négatives ; tout cela nous empoisonne. C'est le résultat de l'éducation, de l'environnement, ou encore des médias, avec toutes les valeurs fausses répandues à profusion par les journaux, la radio, la télévision et tous ceux que nous rencontrons (sans oublier le Karma).

En psychologie, il est considéré que l'identification est un mécanisme imaginatif par lequel « chacun s'assimile à un modèle » auquel il tend à ressembler et s'efforce de participer à l'image meilleure que ce dernier va évoquer. L'action entreprise fait, peu à peu, considérer ces deux valeurs différentes, comme pouvant être semblables, comme pouvant répondre à une seule, à une même identité, à un même niveau de valeur et de qualité.

La désidentification utilise le même principe en sens contraire. Elle permet de séparer l'individu de ses erreurs, de ses mauvaises habitudes, toujours liées aux restrictions du « petit moi », et de l'inconscient. Dans cette démarche, nous parvenons à isoler la pensée des difficultés ou malaises du corps physique, des émotions négatives, ou des sentiments d'infériorité.

Visualisation et imagination créent des images, des modèles qui expriment notre manière de vivre. Puis, il y a l'intuition. Chaque image est douée d'un pouvoir moteur ; les images mentales tendent à susciter nos émotions, à amener des conditions physiques et des actions extérieures, correspondantes.

La Psychosynthèse propose donc une formation ou une reconstruction de la personnalité autour d'un Centre (supérieur). Elle invite à admettre que nous sommes dominés par tout ce à quoi notre « moi » se laisse identifier. Par ailleurs, l'être humain peut dépasser, puis utilise tout ce dont il se désidentifie. Cette démarche peut être considérée comme l'expression individuelle « d'un système plus vaste, d'une loi universelle de synthèse inter-individuelle et cosmique ». L'individu isolé n'existe pas ; il y a des rapports étroits d'interdépendance et de subordination, le but étant le développement spirituel, à l'aide de divers symboles. La réalisation du Soi entraîne des crises, des réactions aboutissant à des maladies. A travers ces dernières, nous pouvons être amenés à prendre conscience des principes que sont la désidentification des situations (ou états limitatifs) et l'identification à un modèle satisfaisant et pur.

L'un des exercices consiste à se mettre en état de relaxation et à affirmer « j'ai un corps physique, mais je ne suis pas ce corps. J'ai aussi une vie émotionnelle, affective, mais je ne suis ni mes émotions, ni mes sentiments. J'ai également un intellect (mental inférieur) mais je ne suis pas cet intellect. Je suis un centre de Conscience pure et je m'identifie à lui ».

L'identification au symbole de la rose, avec son développement harmonieux, est l'un des plus représentatifs.

LES MALADIES LIÉES AU CORPS ASTRAL

Les interactions entre les corps doivent être étudiées, afin de nous permettre de comprendre que l'état de maladie de l'organisme du corps physique se reflète et retentit essentiellement, de nos jours, au niveau du plan astral, sur le corps astral, et inversement. Ainsi une mauvaise aspiration spirituelle appartenant au corps astral, s'exprimera sur le plan physique. Souvenons-nous que toutes les expériences mystiques et spirituelles ont des influences sur le corps astral comme sur le corps physique. Quand le corps éthérique, l'intermédiaire, récolte les courants empoissonnés infectant le corps astral, alors une infection se déclare dans le corps physique (et nous prenons alors des anti-biotiques). Le corps astral absorbe très facilement les émanations du corps physique-éthérique ; c'est pour cela qu'il serait très important pour le médecin, de *connaître l'état spirituel du patient.* Pendant la maladie et le combat mené contre elle, il faut comprendre la relation existant entre les corps, les liens indissolubles les rattachant les uns aux autres, ainsi que la qualité d'être du patient.

Il faut d'abord considérer :

1. *les émotions non contrôlées et déréglées.* Les fausses attitudes émotionnelles entraînent un état général malsain du corps astral, et elles contribuent ainsi puissamment, à engendrer malaises divers et maladies. Celà est dû au fait que le corps vital éthérique est principalement gouverné et mis en mouvement par l'action du corps astral ; toutes activités ou pressions violentes, exercées sous l'empire de la colère, de soucis intenses, d'irritation vive ou prolongée, feront affluer un courant d'énergie astrale à travers et dans le *plexus solaire*. Ce courant émotionnel touche alors ce centre de vie provoquant de profondes pertubations qui affectent l'estomac, le pancréas, la vésicule biliaire, ou la vessie.

La tendance à critiquer, à détester violemment, à haïr, toujours basée sur un complexe de supériorité, produit une bonne partie de l'acidité stomacale, d'où les ulcères dont beaucoup d'hommes souffrent aujourd'hui. Ils passent d'un complexe d'infériorité, très répandu, à celui de supériorité, lorsque leurs relations avec autrui sont en jeu. Ces deux complexes sont aussi faux l'un que l'autre.

Les effets subis par l'estomac ont des rapports étroits avec l'aspect désir du corps physique. En mangeant, ou en buvant tout ce dont l'homme a envie, il satisfait ce désir conduisant par la suite, à des désordres d'ordre digestif très répandus. Ceci montre que les *attitudes fausses envers la vie prévalent souvent aujourd'hui et provoquent de mauvaises conditions de santé.* De plus, l'insatisfaction des désirs affectifs est compensée par : la boulimie.

Certaines maladies sont causées par la critique, la haine et la tendance à se juger les uns les autres, en général méchamment, pour se valoriser. Ces expériences négatives touchent le centre de la gorge, elles s'expriment à travers les paroles émises et vont vers le centre du plexus solaire. L'inter-connexion entre les centres n'a pas encore été étudiée convenablement ; il faut savoir que les centres du corps éthérique se renvoient diverses espèces de forces et d'énergies. Ces dernières sont particulièrement indésirables lorsqu'elles émanent des centres situés au-dessous du diaphragme, du fait que ces centres sont liés à l'aspect inférieur et animal de la personnalité.

2. *désirs inhibés, réprimés, ou au contraire, déchaînés.* Aux temps de la Lémurie, la force de vie était centrée sur le corps physique, son développement, l'apprentissage de son usage et de son contrôle, ainsi que sur sa perpétuation par la reproduction ; c'est à cette époque que commencèrent *les troubles relatifs aux abus de la vie sexuelle.* Dans un certain sens, on peut dire que c'était « le péché originel » essentiel.

Le cancer, lui, est un « cadeau empoisonné » légué à l'homme moderne par l'humanité Atlante ; cette maladie fût un fléau et dévasta en grande partie les habitants de cette ancienne civilisation. Les origines de ce terrible mal sont profondément enracinés dans la nature émotionnelle, celle des désirs du corps astral. Le cancer résulte partiellement d'une réaction répressive contre les maladies liées à la vie sexuelle. A cette époque, fut constatée l'extension de la syphilis, résultat d'une prosmiscuité sexuelle douteuse. Afin de se préserver, le flux naturel des désir sexuels fut refoulé. *Le cancer est essentiellement une maladie d'inhibition,* exactement comme les maladies vénériennes proviennent généralement d'abus ; c'est ce qui est nommé aujourd'hui, M.T.S. (maladies transmises sexuellement).

La tuberculose commença à apparaître, elle aussi, à un certain stade évolutif de l'époque Atlante ; mais cette maladie est principalement celle de *notre race, dite Aryenne.* Nous sommes en passe de la léguer au règne animal et de la partager ainsi avec lui ; ceci commence à être compris. Les animaux domestiques sont si étroitement liés aux hommes, qu'ils partagent pratiquemment toutes leurs maladies. La cause de ce grand fléau, la tuberculose, réside dans le fait que l'intérêt majeur de la vie s'est détourné de la nature émotionnelle pour se porter sur la nature mentale ; ceci a produit un manque temporaire de force pour la nature émotionnelle. *Elle est donc surtout une maladie d'épuisement.*

Il faut savoir que les deux sexes sont affectés par le cancer, mais que la réaction par la connaissance de la nature émotionnelle, s'oppose, peu à peu, à une expression excessive de la vie sexuelle. Ainsi, les femmes ont détourné plus tôt leur intérêt de l'aspect sexuel, à cause de la maternité, et c'est là que se trouvent actuellement leurs inhibitions majeures. Les hommes n'ont pas besoin d'un contrôle aussi caractérisé sur ce plan et ils ne le recherchent pas. En conséquence, selon les statistiques, il y a plus d'hommes atteints du cancer que de femmes, bien que ce soit une maladie dont tout le monde a peur aujourd'hui.

La cure du cancer réside dans la juste transmutation. Il faudra bien parvenir à comprendre que les refoulements, les culpabilisations et les inhibitions, entraînent des troubles sérieux. Parallèlement, la Connaissance et l'éthique de vie doivent être développés partout dans le monde, afin de trouver la santé.

L'immunité complète contre *la tuberculose* se trouve dans le secret *d'une vie justement rythmée*, comprenant beaucoup de repos et une orientation spirituelle.

Quant aux maux provenant de *maladies vénériennes,* la race humaine en terminera avec eux par la *juste compréhension des cycles, avec ses périodes reconnues de création reproductrice.* Ces maladies seront les dernières à disparaître, comme elles ont été les premières à dévaster notre race. Quant à la tuberculose, elle est aujourd'hui en voie de disparition ; les chercheurs portent actuellement tous leurs efforts sur le cancer.

3. *maladies dûes aux soucis et à l'irritation.* La troisième catégorie de troubles prend naissance dans le corps émotionnel ou astral ; elle a reçu, en ésotérisme, le nom de « maladies d'irritation », poison insidieux situé à l'arrière plan de nombreuses affections. L'irritation *a ses racines dans l'activité accrue du corps astral*, produisant ainsi des effets anormaux sur le système nerveux. Ceci amène à s'intéresser essentiellement à soi-même.

Les soucis et l'irritation sont des troubles plus répandus que jamais, et il y a à cela plusieurs raisons :

— d'abord, les conditions de vie dans le monde : incertitude et problèmes sont tels, que nul ne peut pratiquement s'en abstraire. *Tout le monde est plus ou moins consciemment impliqué dans la situation planétaire,*

— puis, l'intercommunication entre les peuples s'est tellement accrue, et les hommes vivent dans une telle proportion en groupes, en masses, qu'ils réagissent inéluctablement les uns sur les autres, à un degré inconnu jusqu'ici. L'Écriture dit : « Si un membre souffre, tous les membres souffrent avec lui. » Cette antique vérité est bien vivante et se trouve vraiment manifestée de nos jours afin d'amener à une prise de conscience.

— également, il faut noter la sensibilité de l'organisme humain aux émotions et aux attitudes mentales ; les hommes vibrent « au diapason de leur prochain », d'une manière nouvelle et beaucoup plus intense. De plus, ils ajoutent à leurs propres préoccupations et aux soucis les accaparant, ceux de leur entourage,

— enfin, télépathiquement, et avec un sens développé de prévision, soit sur le plan personnel, soit de plus en plus sur celui du groupe, s'ajoutent d'éventuelles difficultés qui pourraient survenir dans le destin personnel, ou collectif.

Tous ces aspects illustrent les problèmes présentés sur la Terre et à surmonter, pour faire face à la vie. Il est évident que ceux liés aux soucis et aux irritations sont nombreux, ils méritent notre intérêt ; ils sont les facteurs qui abaissent le plus la vitalité et entraînent à contracter des maladies. Le virus de la grippe a, en fait, ses racines dans la peur et les soucis. Cette maladie disparaîtra lorsque le monde, enfin calmé et apaisé, sera libéré de la bien difficile condition actuelle.

Du point de vue astral-émotionnel, la contagion des soucis et de l'irritation est si virulente, qu'elle trouble jusqu'à la qualité de l'atmosphère générale, la rendant difficilement respirable, d'où de très nombreuses oppressions respiratoires et cardiaques qui n'ont pas d'autres excuses.

Ces conditions sont si répandues aujourd'hui qu'elles peuvent être considérées comme épidémiques dans le sens planétaire.

L'irritabilité a surtout des effets inflammatoires ; l'inflammation est dure à supporter et *certaines formes de troubles visuels peuvent lui être imputés.* Des peurs diverses empêchent « la vraie vision » et brouillent ainsi la vue des solutions. La victime de cet état de choses ne voit alors plus rien que ses maux. L'apitoiement sur elle-même par fausse considération de soi et par focalisation dans la condition négative, l'amène à se trouver tellement submergée, que sa vision devient extrêmement étroite, pessimiste et négative, attirant ainsi de nouvelles difficultés.

C'est ainsi que le cercle de la vie se resserre, jusqu'à ce qu'intervienne ce que l'on appelle « la mort physique » ; alors, l'âme libérée retrouve sa dimension spirituelle. Lorsque l'être humain est prisonnier du cercle trop étroit des pensées dans lesquelles il s'est enfermé, la guérison s'exprimant toujours par des opportunités amenées par l'âme (en tant que lien entre le véhicule physique temporaire et la vie éternelle), ne peut plus intervenir. Et l'incarnation se termine ainsi, préparant déjà une nouvelle venue, nécessaire pour poursuivre l'expérience terrestre jusqu'à l'ultime libération. Cette libération se situe dans un Infini-Éternel que notre imagination saisit mal, notre cerveau n'étant pas encore apte à capter cette Idée Divine.

MÉDITATION

IDENTIFICATION A LA ROSE

Position, respiration, détente et concentration mentale.

L'emploi de cette belle fleur, qu'est la rose, comme symbole vivant de l'âme, le Soi supérieur et spirituel, est très répandu en Occident. Sa dynamique a pour but de laisser s'exprimer les énergies spirituelles ; on obtient ceci par la visualisation et l'identification à l'épanouissement de la fleur. Son développement est semblable à celui de l'être intérieur ; il correspond à une réalité profonde, inscrite en chacun de nous ; cette réalité est en relation avec une Loi fondamentale de la vie évolutive qui se manifeste partout dans la nature et les plantes, comme dans l'homme. Le Soi, l'âme est la partie essentielle et la plus réelle de nous-même. Elle se trouve habituellement cachée, inconnue de nous, enfermée dans la matière où pendant longtemps elle ne peut s'exprimer. Le moi, la personnalité, enveloppe et protège le Soi, comme les sépales protègent et soutiennent les pétales de la fleur.

Maintenant, imaginez un beau bouton de rose. Visualisez la tige, les feuilles bien vertes et, au sommet de cette tige, le bouton délicat et encore fermé. Ainsi il paraît presque entièrement vert, mais tout au bout on peut apercevoir les pointes des pétales roses. Efforcez-vous d'en avoir une image nette et aussi claire que possible. Voyez, visualisez bien ce bouton de rose presque entièrement fermé, puis, imaginez le mouvement des sépales qui commencent à se séparer. Ils tournent davantage leurs pointes vertes vers l'extérieur et vous voyez plus nettement les pétales roses, encore bien serrés les uns contre les autres. Mais déjà, ils s'écartent davantage et le bouton apparaît ; il est d'un beau rose pâle, très délicat. Les pétales s'entrouvent tout doucement, tout doucement... L'épanouissement continue et vous admirez ce parfait bouton de rose, déjà à moitié ouvert. Il poursuit son épanouissement et s'ouvre lentement, jusqu'à ce que la rose se révèle dans toute sa beauté, tout son éclat.

Et voici que vous avez, là, devant vous, une magnifique rose, de couleur rose, complètement épanouie ; admirez-la sans réserve, dans la joie pure qu'apporte sa beauté délicate, sa perfection et son odeur particulière. A présent, sentez, respirez, pénétrez-vous du parfum de cette fleur ; vous le reconnaissez , il est doux, suave, agréable et vous vous en imprégnez. La rose elle-même vous emplit de sa beauté, de sa perfection, et de son parfum. Vous constatez en ce moment que, grâce à « ces deux avenues » que sont la vue et l'odorat subtils, vous pouvez épanouir votre être inférieur par la vue subjective de cette fleur. Elle s'épanouit devant vous et, parallèlement, vous vous dilatez, vous vous développez harmonieusement, à partir de l'intérieur de vous-même.

Maintenant, vous constatez que la fleur n'est pas coupée et vous étendez la visualisation à tout le rosier sur lequel elle vit. Voyez-le plein de vitalité, ses feuilles sont bien vertes ; imaginez la montée de la sève depuis les racines, passant par les tiges, jusqu'à la fleur. C'est la force vitale, le prana de la nature qui provoque l'épanouissement de la rose. Restez un instant en contemplation devant cette belle image et identifiez-vous à cette force vitale montant dans le rosier, jusqu'à la fleur ; grâce au Prana solaire, comme elle, vous pouvez vous épanouir.

Sentez que la Vie même qui anime l'Univers et provoque la naissance, puis l'éclosion, enfin le plein épanouissement de la rose, que cette Vie Une, œuvre également en vous. Et la puissance vitale vous amène à rechercher l'épanouissement de tout votre être, dans « l'accomplissement ». Réalisez que nous pouvons, chacun, coopérer consciemment à notre floraison intérieure.

Ce symbole de la rose efface toute tristesse, toute grisaille, tout sentiment de séparativité naissant tous d'une mauvaise orientation mentale et d'un repliement négatif.

Le résultat de cette expérience repose sur la manière de s'identifier à la fleur. Efforcez-vous de conserver dans votre mémoire et dans votre conscient, l'image vivante de cette rose, ainsi que sa beauté, son éclat, son parfum. Identifiez-vous souvent à elle, afin que la fleur, en vous, dans votre cœur, s'épanouisse pleinement, de la même manière et apporte, ensuite, à tous.

N'oubliez pas que vous appartenez à l'unique rosier humain, son nom est « Humanité ». Ce rosier est toujours vivant ; ses fleurs ne cessent jamais d'éclore et elles seront toujours plus belles si nous décidons de les aider à devenir ainsi.

Nous sommes tous les fleurs de l'unique rosier fleurissant sur la Planète Terre et, comme ces fleurs, périodiquement, nous réapparaissons ici-bas ; nous nous développons avant de prendre conscience de ce que nous ne pouvons vivre égoïstement et pour nous-même seulement, si nous voulons être en bonne santé d'abord, et guérir les autres, ensuite.

Cette expérience méditative et d'identification se termine...

ANTHROPOSOPHIE ET SOMMEIL

L'Anthroposophie est l'histoire de l'homme. La Théosophie, l'union avec la Divinité (du grec Théos, dieu et sophia, Sagesse). La médecine anthroposophique se définit comme un élargissement de « l'art de guérir » ; elle répond essentiellement à ces deux composantes.

Cette connaissance médicale repose sur le rythme et les éléments de constitution de l'homme. Elle utilise, pour soigner les maladies, des préparations pharmaceutiques dont les bases sont diffusées, par des laboratoires spécialisés, dans des médicaments de genre homéopathique.

L'harmonie et la dysharmonie sont considérés ici comme majeurs ; on dépasse difficulté, malaise ou maladie, effet sysharmonique, en comprenant certaines lois et similitudes de la nature, puis, en s'accordant avec elles. L'Eurythmie se situe à la base du changement harmonieux ; c'est une prise de conscience de son Moi à travers son corps, par une sorte de gymnastique faite de mouvements lents « vécus rituelliquement », afin de trouver une nouvelle et plus réelle liberté d'être, tant à l'intérieur qu'à l'extérieur (dans son aura).

Les phases de sept ans, les âges de la vie, les alternances veille, sommeil, sont considérées comme très importantes, de même que les trois corps, le physique, l'éthérique et l'astral.

Le Docteur BOTT, anthroposophe, dit que « l'art de guérir » a toujours été le reflet de l'idée que l'homme se faisait de lui-même. Ainsi la médecine actuelle a été fortement influencée par la pensée matérialiste du XIXème siècle tendant à considérer le corps humain comme éprouvette, dans laquelle se dérouleraient des processus analogues à ceux du laboratoire. Il en résulte pour le praticien actuel, sérieux, une insatisfaction plus ou moins avouée, une impression de ne pas être vraiment à la hauteur de sa tâche.

Une image élargie a été donnée par Rudolf STEINER, fondateur de l'Anthroposophie vers 1920. Son idée est que l'homme occidental, dans son état de conscience actuel, s'est éloigné de la croyance en un monde métaphysique ; il a voulu croire que, seul, ce qui est accessible à nos sens, peut être étudié avec rigueur, S'il voulait rester logique avec lui-même, il lui faudrait se limiter aux perceptions sans y appliquer sa pensée. Et pourtant, cette pensée, bien que non accessible à nos sens, peut être étudiée correctement par la pensée elle-même. C'est le chemin suivi par Rudolf STEINER, dans sa « Philosophie de la Liberté ».

Envisagé sous son seul aspect matériel, l'être humain est incompréhensible. C'est en le considérant dans sa totalité formée de corps, d'âme et d'esprit, qu'il devient possible de s'en faire une idée valable et satisfaisante. Le corps, lui-même, est composé de deux parties : l'une, que nous pouvons peser, elle appartiendrait à l'espace, l'autre faisant de lui un être vivant et en perpétuelle transformation, appartiendrait au temps.

La substance du corps physique est entièrement renouvelée en sept ans ; elle serait incapable de maintenir la structure humaine dans son intégrité, sans l'action du moi ou conscience sur le corps physique, à travers la médiation des corps astral et éthérique. Et tout récemment, grâce à certains procédés, il a pu être donné la preuve de cela.

Aux troubles entraînés par la présence de forces, dites étrangères dans l'organisme, Rudolf STEINER a donné le nom d'hystérie. Pour lui, ce mot ne désignait pas seulement des symptômes psychiques aigus, mais un ensemble de troubles dont l'hystérie des psychiatres n'est que le point culminant.

Pour l'anthroposophe, il est très important de se faire une image des deux tendances morbides que constituent l'hystérie et la neurasthénie ; et il n'est pas inexact de dire que toutes les maladies inclinent plus ou moins vers l'une ou l'autre de ces tendances présentant deux pôles inverses de déséquilibre.

Au sujet du sommeil, on observe que rien ne nous révèle la présence du moi, ni même du corps astral, chez un dormeur. Nous sommes donc amenés à admettre que le moi et le corps astral ont quitté les corps inférieurs ; ils en sont, en quelque sorte, détachés. Il serait ainsi possible de saisir pourquoi les éléments de la conscience, dépourvus de l'instrument que constituent pour eux les corps physique et éthérique, ne peuvent se souvenir de ce qu'ils ont pu éprouver pendant le sommeil, étant en dehors d'eux. Certaines tendances matérialistes voudraient nous faire croire (parce que des interventions sur le cerveau sont capables de modifier les états de conscience), que le psychisme n'est qu'une sécrétion de cet organe. Ce serait aussi absurde que d'admettre que le temps n'existe plus, parce que nous avons perdu notre montre.

Généralement, il est dit que l'envie de dormir est dûe à la fatigue ; cela est inexact. Nous pouvons être très fatigué sans avoir envie de dormir, ou au contraire, avoir envie de dormir sans être réellement fatigué. Exprimé de cette façon, cela ressemble un peu à un jeu de mots, car fatigue et envie de dormir sont des concepts voisins, aux limites imprécises. Ce que nous ressentons dans l'envie de dormir exprime, en réalité, le besoin du corps astral de se détacher des corps éthérique et physique. Nous pouvons, à l'aide de certaines drogues, comme le café, retarder ce besoin et faire disparaître, pendant un certain temps, la sensation de fatigue ; nous pouvons aussi, à l'aide d'autres drogues, provoquer le contraire.

Si la conscience et une partie du corps astral se détachent pendant le sommeil, ils s'incarnent à nouveau au réveil. Si pour une raison quelconque, cette incarnation est entravée, nous nous réveillons mal et nous éprouvons une sensation de fatigue et de malaise. D'une façon générale, on peut dire que l'insomnie est une difficulté, ou une impossibilité de se détacher de ce qui l'emprisonne et les causes en sont multiples.

Sommeil et veille apparaissent comme un grand rythme respiratoire ; le matin, nous inspirons notre conscience et notre corps astral, le soir, à nouveau, ils se détachent du corps laissé dans notre lit. Ce qui se passe en grand, au cours de la nuit, se retrouve en petit dans la respiration. Chaque inspiration nous éveille un peu, chaque expiration nous endort un peu. Toute vie est rythme.

Les rythmes humains sont en rapport avec les rythmes universels et cosmiques. Certains sont sous l'influence directe des mouvements planétaires et terrestres. D'autres, tout en gardant le souvenir de leur origine, ont été intériorisés ; ainsi le cycle menstruel féminin, rythme lunaire, ne se retrouverait plus, actuellement, sous la dépendance de cet astre, dit l'Anthroposophie.

Cette technique est une première ouverture pour certains médecins ne pouvant plus se satisfaire, d'une part, de ce qu'ils ont appris à la faculté, et d'autre part, de la prescription de médicaments allopathiques.

LES TROIS ASPECTS DU CORPS MENTAL

Vivant actuellement en Occident, nous avons acquis une forte stimulation intellectuelle de type objectif, alors que les orientaux ont un raisonnement abstrait, de type subjectif et plus passif, en général. Ce corps mental a un aspect concret dit inférieur. Placé dans le cerveau, il est constitué de trois parties et agit là, d'abord, comme un rideau sombre cachant l'essentiel, contenu dans le mental supérieur. Entre l'aspect inférieur et le supérieur, il y a l'âme, le lien et sa lumière.

La discrimination, l'une des facultés du mental concret, amène progressivement à distinguer les faits du domaine de la personnalité et ceux venant de l'âme avec la lumière qu'elle projette permettant à « l'effet de cacher moins la cause ».

Comme le corps physique, le corps mental doit apprendre à devenir un instrument docile, afin d'être l'interprète correct des expériences rencontrées au cours de la vie sur la Terre. Tant que le mental inférieur domine l'homme, il lui interdit toute véritable collaboration : cet aspect est, par sa nature même, séparatif, d'où le sens exagéré de l'individualité possessive et du sentiment d'isolement en résultant (posséder c'est se replier sur, pour conserver).

On peut comparer cet aspect du mental à une roue tournant sans cesse autour des propres pensées de ce que l'homme appelle « sa raison », alors qu'il s'agit souvent de pensées étroites, obsédantes, ou d'idées reçues. Ce mécanisme alimente le processus de la pensée rationnelle, intellectuelle et analytique, base de ce qui est nommé « le petit Moi » ; pendant longtemps il demeure le maître en l'homme. Ce mental est très mobile, souvent impérieux, violent et tenace ; en Orient on le compare « au vent que rien ne peut arrêter ». Il s'imbrique au corps astral des désirs et agit sur le corps éthérique vital. La substance utilisée, est extrêmement fine et ténue.

La limite extérieure ou cercle infranchissable, toujours présent du corps mental, devient moins étroite avec l'activité des pensées positives ; sa clarté s'étend, aussi, parallèlement. Tout ceci entraîne le développement de la conscience dans le sens de la « qualité d'être ». Le corps mental apparaît, au clairvoyant, comme un champ ovoïde, champ devenant progressivement radieux lorsque s'expriment les facultés du mental supérieur. Ce dernier est le domaine de l'intuition et de la volonté spirituelle, auxquelles l'être humain doit accéder ; tel est le sens de sa démarche dans la vie.

Nous sommes magnétiques et attirons des choses semblables aux vibrations résultant de nos pensées et de nos désirs ; souvenons-nous que « l'énergie suit la pensée ». Le mental s'exprime à travers le cerveau ; il est l'interprète de nos états de conscience ; c'est lui qui transmet nos intentions traduites par les actes. Il est aussi « une sorte de fenêtre » à travers laquelle nous regardons et l'intérêt se porte d'abord à l'extérieur de nous-même. Ainsi, nous vivons des expériences diverses ; elles ont pour but de nous « éveiller » et nous permettre d'approcher ainsi des divers domaines de la Connaissance. Par lui, nous percevons tous les difficultés de la civilisation présente ; elle exprime un conflit planétaire se situant entre des individualités repliées, devenues trop étroites et l'idée plus large d'une humanité, sorte d'océan dans lequel chacun de nous est une goutte participant à l'ensemble. Lorsque nous en avons pris conscience, nous devenons l'océan lui-même.

Le mental est constitué d'une sorte de substance énergétique provenant du plan mental collectif et universel, ce grand réservoir dans lequel tous les hommes puisent. Cette substance est utilisée, dans le cerveau, par un mécanisme subtil qui alimente les processus de pensées. Ces processus sont d'abord d'ordre rationnel, intellectuel, analytique, reliés au temps et aux valeurs éphémères.

Mais *le mental est doué de sensibilité, il peut donc s'affiner et trouver des capacités intégratrices.* Il doit apprendre à utiliser des images mentales, construire des schémas dans l'espace et créer « les ponts » nécessaires entre l'aspect inférieur et supérieur ; d'abord nettement séparés, ils doivent s'unir avec l'aide de l'âme.

L'homme pense sans cesse, et actuellement, son mental « s'affole » parce que trop sollicité. Il doit d'abord se calmer, se taire, apprendre le silence. Lorsque le cerveau s'apaise, il s'affine et devient réceptif.

Dans ses trois aspects, le mental appartient au cinquième Rayon cosmique et l'inférieur doit d'abord apprendre à s'orienter vers l'âme. Par la concentration quotidienne il est, peu à peu, contrôlé. Puis, par la technique de méditation, il parvient à l'activité correcte et apprend ainsi à s'identifier à l'âme qui va infuser la personnalité. Les valeurs supérieures de la Triade, comprenant également trois aspects (dont les trois aspects de la personnalité sont les trois reflets dans le monde manifesté), seront ainsi un jour contactés. L'âme appelée « Fils du Mental », est gouvernée par le second aspect de tous les sept Rayons ; elle exprime toujours « l'Amour qui contient, en substance, la Connaissance et la Sagesse ».

C'est dans le cerveau que nous créons des formes-pensées, en utilisant *la visualisation et l'imagination*. Si nous consultons un dictionnaire courant nous apprenons que VISUALISER, c'est « rendre visible » et IMAGINER, c'est « inventer » en se représentant (en pensée) c'est-à-dire mentalement, des situations ou des personnes ; c'est aussi concevoir et créer, comme le fait l'artiste peintre sur sa toile.

En fait, la visualisation (de nature éthérique) résulte de l'emploi correct de l'activité du mental, dirigée vers un objectif précis. Ce travail de concentration de l'énergie mentale s'effectue bien sûr dans la tête et *dans le cerveau* ; en son centre il existe *un point de TENSION à localiser, c'est là où l'énergie doit être rassemblée.* Elle est ainsi focalisée par *l'intention* qui doit être pure et noble, la base même de l'action entreprise dans l'un des aspects du Service.

La faculté humaine, créatrice d'images concrètes ou symboliques, est le résultat des cinq sens intégrés par le mental (appelé sixième sens). C'est un processus de relations de type mental, utilisé comme tremplin dans un cercle dit, infranchissable.

L'imagination, elle, est de nature émotionnelle (corps astral). Dans son aspect le plus élevé, celui de la QUALITÉ de l'âme, elle permet d'établir un processus d'activité intérieure. C'est en « voyant » une forme, sur laquelle sera projetée cette vibration haute, expression de l'énergie porteuse d'une qualité supérieure, que sera créée la forme-pensée devenue vivante.

Ceci demande une véritable aspiration, ainsi qu'une identification dans une perception clairement établie et suivie d'une *projection* vers l'extérieur, (l'Humanité ou la personne, dans la technique de guérison). Il faut établir un véritable rapport entre le mental et l'astral supérieur, afin d'unir l'image et l'intention, avant de la projeter au-delà du cercle.

Nous aurons donc la réception d'énergie mentale, la mise en place de la forme, l'identification au résultat (en qualité), puis, l'utilisation de cet ensemble par la projection bien dirigée.

Le Mental supérieur est, lui, de type abstrait, infini, illimité et fût pendant longtemps ignoré, inconnu de l'homme. Contenant la capacité de Perception idéale, il est amené à l'utilisation consciente par la construction intelligente et disciplinée de ce qui est nommé le « pont en arc-en-ciel », ou Antahkarana. Ce pont est l'élément rayonnant transmettant l'Intuition et l'aspect Volonté du Logos. Il exprime ainsi le Dessein divin et le Plan connu des Maîtres de la Hiérarchie dirigeant les divers Ashrams et leurs groupes subjectifs.

C'est le Feu qui stimule et agit avec l'Amour de l'âme, afin de consumer d'abord, les aspects restrictifs et négatifs de la personnalité. Ce mental amène ainsi l'homme, « l'agent de transmission », à remplir son rôle entre le monde de l'Esprit abstrait et celui de la matière mise en formes et devant être « élevée ».

Après la recherche de la qualité, but de l'âme qui va infuser la personnalité, il y a le but unificateur du Mental supérieur. Il permet donc de brûler les scories, d'éclairer nos erreurs et d'apporter la Lumière et l'Amour, Énergies de guérison auxquelles nous devons nous adresser, si nous souhaitons vraiment devenir des guérisseurs.

Le Nouvel Age est celui du Mental dans ses trois aspects.

MÉDITATION

ETRE OU NE PAS ETRE

Position, respiration, ouverture et concentration mentale.

Shakespeare, avec son célèbre « To be or not to be » (Etre, ou ne pas être) pose le problème fondamental quant à la véritable compréhension de l'attitude humaine. Ceci a été repris par de très nombreux penseurs et nous allons essayer aujourd'hui, à notre tour, de nous pencher sur cet important aspect du comportement juste.

Dans le sujet qui nous intéresse, la guérison, la question est la suivante : peut-on conserver l'idée d'une identité séparée ? Ceci amène à la conscience de son existence individuelle, celle de son petit être, appelé le Moi ou la personnalité.

Chacun de nous connaît , ou perçoit ses propres limites : elles sont celles de la conscience même de ce petit Moi ; or, toute conscience vit dans un Univers limité par un cercle infranchissable, telle est la Loi de ce Système solaire. Nous sommes donc prisonniers de ce cercle tant que nous n'avons pas appris à nous projeter volontairement, avec une intention et une impulsion verticale, vers le haut, vers la Source même de la Vie pure, d'où nous venons et vers laquelle nous tendons. On appelle Esprit, ou Monade, cette Source de Vie ; elle s'exprime par les trois Rayons Cosmiques majeurs à travers la Triade spirituelle.

Entre la Monade incarnante et le Moi incarné individuel, il y a le Soi, le lien, l'âme, l'aide indispensable pour mener à bien l'entreprise majeure qu'est notre vie et son expression. Cette aide existe en chacun de nous ; elle est un segment de la Vie même en relation avec l'âme spirituelle, l'Ame universelle. L'âme personnel-

le n'est pas vraiment extérieure à soi, mais il faut apprendre à « la reconnaître » et à se relier très souvent, en conscience, pour établir une réelle fusion avec elle.

Il faut aussi créer, en commun, dans un groupe où l'on se retrouve, la « vibration du cœur » afin qu'un véritable courant s'établisse, un courant de compassion réelle ; il ira de la Source au guérisseur, puis au malade, celui ayant besoin d'aide. Bien entendu, cela passe d'abord par l'acquisition du calme parfait et du silence intérieur, recherchés le plus souvent possible pour, en quelque sorte, « se recharger » d'abord et « transmettre » ensuite.

L'Énergie de guérison existe dans le Système solaire. Par la Hiérarchie spirituelle, qui, là, sert de lien et de canal, la force du Cœur d'Amour s'allie à la Volonté Divine ; elles arrivent sur la planète Terre et ses habitants, à travers ceux étant capables de les exprimer par leur rayonnement acquis et stable. Ensemble, ils forment un canal.

Le groupe des Guérisseurs se situe dans le Nouveau Groupe des Serviteurs du Monde entre la Hiérarchie et l'Humanité ; à son tour, il est l'âme, le lien d'Amour. C'est dans et à travers ce Groupe que tout devient possible.

La Source intérieure, cette capacité de guérison, est donc en chacun de nous, et de nombreuses personnes aujourd'hui le ressentent. Mais si nous ne sommes pas capables, tous ensemble et chacun, nous ne pourrons pas atteindre, recevoir et distribuer l'Énergie curative.

Cette Énergie se transforme naturellement en forces, à projeter ensuite autour de soi, sur ceux qui l'attendent. Il est donc nécessaire « d'Etre », afin de pouvoir fournir, en conscience claire, l'effort intentionnel et l'action correcte. Mais il faut, aussi, accepter de « ne plus être » afin de se fondre vraiment dans le Tout, dans l'océan de la Vie qui est Une. Par cette attitude juste, on devient un agent de transmission, et ceci permet ensuite de projeter autour de soi, consciemment la force curative sur l'Humanité d'abord.

Les Sages médecins de la Grèce antique, disaient qu'on ne peut séparer une partie du corps pour le guérir. Ils savaient qu'il faut soigner « le tout » pour obtenir un bon résultat quant à la partie malade. Pensons donc d'abord, avec ferveur, à ce grand corps éthérique dans lequel tous les hommes ont le leur, et travaillons souvent pour notre Humanité. En elle, nous ne sommes individuellement qu'une cellule, et en Groupe, nous appartenons à un centre situé dans le corps éthérique du Logos planétaire ; nous participons positivement, spirituellement, à son objectif, à son Dessein, lorsque nous pouvons nous identifier à ce Groupe.

Réalisons que tout est en interrelation dans ce grand cycle : le Zodiaque, expression même de la Divinité, dont les signes sont les attributs. De la même manière, le Groupe des Guérisseurs est représenté par un autre cercle constitué d'âmes et, au Centre, il y a le Maître ; il rayonne comme le Soleil. Là est l'image réelle, elle permet de comprendre vraiment ce que sont la Conscience Christique d'Etre en harmonie avec tous, l'impersonnalité amenant à agir pour l'ensemble et pour chacun, tout en restant détaché et serein.

Etre et ne pas être sont donc deux attitudes justes et complémentaires. Elles sont l'expression des deux aspects du mental (inférieur et supérieur), il faut apprendre à les reconnaître, afin de vivre et de servir dans la joie. Cette joie existe ; elle est le résultat de l'action généreuse qui incite l'homme à devenir un véritable guérisseur, par l'utilisation des Lois Universelles.

Cette expérience se termine....

HOMÉOPATHIE ET RADIESTHÉSIE

L'Homéopathie du grec « homoios » : semblable et « pathos »: maladie, est basée sur la loi des similitudes, dite loi des semblables. Ainsi, les troubles provoqués par une substance peuvent disparaître grâce à la même substance prise en dose infinitésimale, ou par toute autre substance provoquant les mêmes troubles. C'est une méthode thérapeutique créée en Allemagne par le Docteur HAHNEMANN, en 1796. Par contre, l'allopathie traite, elle, essentiellement par des substances *contraires*, par rapport aux symptômes.

Deux facteurs interviennent dans le remède homéopathique : ce sont la *dilution*, connue en C.H. (centimale hahnemanienne) de l'élément actif, et la *dynamisation*. Cette dernière opération a trait au mélange des composants, effectué par une agitation très importante de l'ensemble. Généralement, la présentation apparaît sous la forme de liquide, dite Teinture Mère utilisée en gouttes, et surtout en granules. La matière de base a pratiquement disparu au cours de la préparation ; il reste essentiellement « l'élément énergie », de ce fait, ce remède ne peut être que bienfaisant, ou inutile s'il est mal choisi, mais il n'entraîne pas de troubles secondaires.

Les partisans médecins et malades soulagés, toujours plus nombreux, orientés vers l'Homéopathie, disent que le Docteur HAHNEMANN a su découvrir une autre thérapeutique et ainsi a inspiré une conception nouvelle de la pratique médicale. L'élément fondamental se révèle peu à peu comme étant de la même viene que celle du toujours célèbre HIPPOCRATE, considéré encore comme « le père de la médecine ».

La recherche du ou des médicaments qui conviennent se situe, d'abord, par rapport aux tempéraments ou types constitutionnels. Il y a ensuite, les diathèses ou maladies fondamentales physiques et psychiques et il faut considérer qu'elles s'expriment en fonction de l'évolution de l'individu. Le praticien en Homéopathie et en Thérapeutiques naturelles envisage les réactions douloureuses comme des manifestations de la Nature Médicatrice, qui défend ainsi l'organisme. La maladie est toujours un effort naturel pour guérir ; comprendre pourquoi désordres et douleurs interviennent, tel paraît être son but fondamental.

L'Homéopathie compte donc centre quatre-vingt cinq ans d'expérience, elle se veut aujourd'hui un moyen éprouvé, naturel et « écologique », permettant de soulager et même de guérir (lorsque l'heure et la compréhension sont là).

Il sort, en librairie, de très nombreux ouvrages de divulgation sur ce sujet, même en livres de poche ; cela est fort bien, fort utile pour amener les êtres humains à réfléchir sur les symptômes et les moyens de les soulager en faisant un effort de compréhension.

Si l'on considère qu'il y a plus de mille médicaments répertoriés et qu'il est possible de trouver des dilutions allant de 4 à 30 CH, il paraît, a priori, difficile de s'aider soi-même par ce moyen, pour de petites difficultés de santé. Les cas sérieux relèvent toujours d'un bon médecin, il ne faut pas l'oublier et jouer, là, aux apprentis sorciers.

Reste la Radiesthésie dite médicale, elle peut aider dans les choix. Le R.P. JURION, homéopathe et radiesthésiste, a eu à son actif de nombreux soulagements et guérisons qui firent sa notoriété. Dans l'un de ses ouvrages traitant de ce sujet, il dit que la Radiesthésie n'est pas un moyen de divination, ni une sorte de radar. Il ajoute que le cerveau humain reçoit sans cesse des messages, et des informations diverses, d'ordre interne ou externe et que l'homme est un télépathe, capable d'être inspiré. Et puis, il y a ce qu'il nomme « le phénomène de résonance ou langage intérieur des associations », propre à l'homme. Enfin, doivent intervenir sensibilité et disponibilité réelles, si l'on souhaite vraiment être efficace dans cette recherche utile.

L'outil utilisé, « le pendule », est un corps simple (de préférence en bois) librement suspendu à un fil. Il va répondre à une convention mentale, c'est-à-dire soit ne pas bouger et, dans ce cas, il est neutre, soit se balancer et en général cela signifie NON, soit tourner, former une giration, c'est OUI (ou avec toute autre convention personnelle).

Après s'être relaxé et concentré, le fil du pendule entre le pouce et l'index, le témoin (échantillon du médicament ou plus simplement son nom écrit) est consulté, en fonction d'une question correctement formulée par rapport au malade (présent, ou avec sa photo). La question précise et bien définie étant posée, il suffit d'attendre la réponse du pendule, l'opérateur restant neutre, son mental inférieur, avec ses propres choix ne devant en aucune manière intervenir.

La pratique de la Radiesthésie peut donc s'appliquer à l'Homéopathie. Cette méthode est « fine » ; elle va davantage vers le besoin réel, par rapport à ce qui est désorganisé. Ce que l'entretien avec le malade et même parfois les analyses n'ont pas révélé, quant à une cause encore relative mais présente, la recherche correcte et le choix du médicament dans le domaine homéopathique, le pendule peut l'apporter.

Les véritables causes sont toujours liées à des états de crises d'ordre psychologique et spirituel ; elles doivent être recherchées avec soin, parallèlement, afin de tirer un réel profit de la difficulté de santé. Cette dernière indique où se situe le blocage par manque ou excès d'une force particulière, ne pouvant circuler librement et correctement, dans l'ensemble qu'est un être humain.

MALADIES LIÉES AU CORPS MENTAL

Un jour, les hommes réalisent que leurs pensées ont des conséquences et une réelle influence sur leur propre vie. Ils réfléchissent alors davantage sur les inconvénients à émettre des pensées empoisonnées par des désirs, des intentions et des émotions négatives. Nous allons voir quelles sont les maladies engendrées par les pensées oiseuses, malsaines, ou spéculatives.

Autrefois, seules les maladies psychiques, donc astrales, étaient comme automatiquement reliées à des pensées dites « diaboliques ». Maintenant, grâce aux recherches d'ordre psychosomatique on discerne des maladies physiques, et des plus variées, en relation avec de mauvaises pensées. Non seulement de nombreuses maladies de cœur, mais la plus grande partie de celles concernant la peau et l'estomac, sont les conséquences de nos propres pensées destructrices. De même, les maladies infectieuses peuvent être transmises, non seulement, là où existe une prédisposition, mais aussi, par des actions de type mental, et ce, non seulement par l'auto-suggestion. Il est des cas où l'infection peut être répandue par une seule personne très agressive et très négative. Par contre, des effets physiques positifs se développent aussi parallèlement aux manifestations spirituelles. Certains organismes inconsciemment sont aptes à répandre une épidémie particulière, sans être eux-mêmes affectés par elle. Autrefois, de tels propagateurs d'infection étaient reconnus comme tels ; plus tard, cette connaissance fut oubliée et, maintenant, de nombreux malaises sont attribués au soit-disant « mauvais œil », envoûtements et autres pratiques entretenues dans la pensée de la masse humaine, par ceux qui exploitent cela pour en tirer un profit.

Nous allons essayer de voir l'essentiel, c'est-à-dire les mauvaises attitudes mentales. Les malaises et déficiences physiques ne résultent pas que de pensées erronées, ou de l'absence totale de pensée personnelle positive, comme le prétendent certains mouvements culturels et écoles de pensées. Il y a, essentiellement, l'inobservance des lois fondamentales de la vie ; un exemple réside dans le fait que l'homme ne respecte pas la Loi essentielle de Rythme, Loi gouvernant tous les processus de la nature et de la Vie. En la transgressant, il a désorganisé les forces vitales qui l'animent ; leur bon usage a pour but de rendre le corps sain, donc, bien portant. Ainsi furent posées dans l'humanité, les fondations d'une débilité générale, s'étendant jusqu'aux organes essentiels dans le domaine physique. Ceci permet l'entrée, dans le système naturel de défense, de germes microbiens et de bactéries. Ce sont elles qui engendrent les signes extérieurs de certaines affections (dites malignes).

Mais aujourd'hui, en raison du développement du mental et de la pensée dans la race humaine, d'autres difficultés peuvent naître. Elles sont dûes au fait que, *si le corps mental est actif et correctement organisé, il agit comme transmetteur de l'énergie de l'âme dans le corps éthérique.* L'afflux de cette énergie dans le corps physique peut produire certaines hyperstimulations, entraînant ainsi des désordres en relation avec le système nerveux. C'est l'énergie transmise qui cause le trouble, non le facteur issu du mental lui-même.

Le nombre des maladies mentales dont les cerveaux humains ont hérité est, en fait, fort restreint. Il est difficile de les distinguer et il y a deux raisons à cela :

— d'abord, la race humaine ne compte encore, relativement bien sûr, qu'un très petit nombre d'individus polarisés mentalement, donc en état de penser vraiment et ainsi d'utiliser le mental,

— ensuite, la plus grande partie des maladies est reliée aux corps éthérique et astral surtout, vous le savez,

— enfin, les réactions mentales de l'homme sont si imbriquées aux réactions émotionnelles, au présent stade d'évolution générale, qu'il est malaisé de séparer émotions et pensées. Comment dire de ce fait, si telle ou telle maladie prend naissance dans le corps astral ou dans le mental inférieur, ou encore, que certaines affections sont dûes à une hypersensibilité défectueuse, ou à une manière de penser défectueuse ?

La plus grande part des difficultés rencontrées naissent du fanatisme et de la domination des formes-pensées. Les troubles provenant de mauvaises attitudes mentales, nées du fanatisme, d'idéalismes frustrés et d'espoirs contrariés, se classent en trois catégories. Une étude correcte montre que leur origine n'est nullement mentale, mais résulte essentiellement de l'émotivité de type négatif.

Dans *la première catégorie,* nous trouvons les maladies attachées à l'activité, au travail qu'un homme s'impose sur le plan physique et qui ont leur motivation dans la condition mentale. Elles peuvent le conduire à une activité forcenée, à un excès de travail ayant pour but de réaliser un plan ou un désir purement personnel. Il en résulte fréquemment un collapsus du système nerveux qui aurait pu être évité en modifiant les exigences mentales, en observant un meilleur rythme de vie sur le plan physique. Mais dans ce cas, le trouble a été causé par un *trop dur travail de nature physique,* bien plus que par un état mental.

Dans *la deuxième catégorie,* il y a les maladies occasionnées par un état de rébellion permanent dans la vie ; l'organisme enregistre alors des *réactions émotionnelles très violentes.* Dualités et oppositions créent des affrontements intérieurs trop fréquents, entretenant un état de crise.

Enfin, dans *la troisième catégorie,* les difficultés sont causées par le fait que *la faiblesse du corps crée un sentiment d'échec.* L'effort, pour être à la hauteur des exigences de la vie mentale individuelle, est trop dur, et ce, par rapport aux possibilités de l'individu. Ainsi naît le maniaque dépressif.

L'idéalisme frustré, très répandu aujourd'hui, engendre des maladies apparaissant sur le plan physique, alors qu'elles prennent leurs racines dans le fait que l'activité de l'individu a été mal conditionnée par sa vie émotionnelle. Or, la vie émotionnelle est une source abondante de stress et elle instaure de mauvais rythmes cardiaques, respiratoires et de sommeil. Le trouble physique et nerveux est donc réellement causé par la prédominance de la force astrale et du psychisme inférieur, et non par le mental.

Il y a aussi d'autres maladies du système nerveux et du cerveau ; elles résultent souvent *d'hyperstimulations* nées d'un impact d'énergie provenant de l'âme. L'instrument, le corps éthérique qui les reçoit, n'est pas capable de les distribuer correctement. Il s'agit souvent d'événements liés à la vie psychique et psychologique, avec les activités désordonnées en découlant. *La maladie est une forme d'activité, de compensation.*

Par l'impact de la pensée, l'activité et l'énergie mentale peuvent provoquer l'enregistrement de certains plans de type idéaliste, de mysticisme, ou d'ambitions délirantes. Quand cette réception mentale est mêlée à la force astrale, elle peut être dominée et contrôlée par *des décisions astrales de caractère indésirable* ; par la culpabilité ou le sentiment d'échec, la vie est empoisonnée. Alors, la maladie apparaît dans le corps physique, selon les tendances prédisposantes de ce corps, relatives à ses faiblesses héréditaires. Ceci sera néanmoins considéré comme une maladie mentale.

Par contre, il faut considérer l'emploi de la pensée comme un facteur d'importance majeure en ce qui concerne son influence sur les sept Centres de vie. Un enseignement convenable doit se répandre en mettant l'accent sur l'action du pouvoir mental sur ces Centres, afin d'amener une réaction correcte du système endocrinien. Ce procédé nouveau implique la connaissance du corps éthérique, ainsi que celle de l'utilisation, de la bonne direction et de l'orientation de la pensée purifiée. Il en résultera une activation correcte, amenée par une bonne focalisation de l'attention. Par contre, lorsqu'il y a hyperstimulation, il faut créer un état de calme et d'apaisement. L'essentiel consiste à laisser circuler l'énergie en comprenant le rôle de l'intention spirituelle et de l'imagination positive.

Les livres d'Homéopathie existent maintenant en livres de poche, c'est une bonne incitation pour apprendre à se soigner soi-même. Espérons qu'il en sera de même pour la connaissance du corps éthérique et de l'action du mental. Sa relation directe et l'effet sur les glandes endocrines doit aussi être largement divulgué dans un proche avenir.

MÉDITATION

LA GUÉRISON COLLECTIVE

Avant de commencer cette approche, respirez, détendez-vous et concentrez-vous mentalement, en vous orientant vers le meilleur de vous-même, le mental supérieur et le Plan des Maîtres.

Maintenant, créez en imagination, vivez chaque détail de cette démarche, elle débute par la visualisation nette et l'identification à la démarche proposée. Pensez à une journée magnifique, chaude et ensoleillée, soyez très calme, détendu nerveusement et bien concentré dans le cerveau. Au centre, il y a le point de tension et de focalisation. Il fait un temps splendide, le ciel est bleu et le soleil radieux ; vous vous trouvez dans une belle région montagneuse et vous marchez tranquillement dans une sorte de prairie. L'herbe est courte, drue, vous avancez lentement et découvrez que vous êtes entouré d'une multitude de ravissantes fleurs sauvages.

Tout est parfaitement tranquille ici, vous sentez que vous déployez votre aura, vos chakras tournoient, vous vivez simplement, pleinement avec toute cette nature à l'état pur. Personne semble-t-il, n'a détruit la pureté de ce lieu , vous êtes sensible à cela et voici que vous vous dilatez et aimez l'herbe, les fleurs, un joli nuage blanc qui passe dans le ciel pur, et tout ce qui vous entoure. Vous pénétrez dans un autre univers et respirez profondément, profondément, tout en continuant votre promenade. Voici un joli papillon, il va de fleur en fleur et passe de l'une à l'autre ; comme il est léger et joliment coloré ! Vous suivez ce papillon et avancez lentement sur ce doux tapis de verdure ;

le papillon diapré est là, il vole devant vous, vous le suivez. Plus vous avancez, plus les arbres sont nombreux : vous êtes dans la forêt, vous avancez toujours et respirez un air à la fois doux, parfumé et si léger ! Le papillon semble vous guider, vous êtes avec lui dans le sous-bois où le soleil envoie des rayons d'or à travers les branches. Ces faisceaux d'or vous pénètrent, ils sont vivifiants.

Voici un sentier en lacets, vous vous y engagez sans hésiter et apercevez maintenant un petit chalet bas, construit de bois en grumes. Il est encore caché en partie par les arbres, vous vous approchez lentement de cette demeure toute simple ; naturellement, vous frappez à la porte. Un homme souriant, plein de lumière vient vous ouvrir, il vous souhaite la bienvenue et vous invite à entrer, simplement.

Vous réalisez soudain que vous n'êtes pas venu là au hasard ; il n'y a pas de hasard ; si nous sommes attentifs, l'âme, toujours, nous guide. Aujourd'hui, elle vous a conduit vers le Maître de l'Ashram auquel vous êtes relié par la vie même du groupe dont vous êtes un membre. Et voilà que vous avez le privilège de rencontrer le Maître qui distribue la Connaissance de la Sagesse éternelle aux Hommes de Bonne Volonté. On le nomme le Tibétain ; Il nous permet d'établir un contact avec Lui en dépassant la dévotion émotionnelle. Il faut, aujourd'hui, atteindre le dévouement désintéressé, au Service de l'Humanité.

Entrez plus encore en vous-même dans ce lieu silencieux et calme, aspirez de tout votre être à atteindre votre plan de conscience le plus élevé et écoutez le Maître qui vous dit :

« Mon intérêt primordial ne consiste pas à entraîner des individus pour en faire des guérisseurs plus efficaces. Je vise à la guérison collective et au travail exécuté en groupe. Mais nul groupe ne peut travailler comme une unité, à moins que ses membres ne s'aiment et ne se servent les uns les autres. L'énergie curative de la Hiérarchie existe, mais elle ne peut passer à travers une collectivité où règnerait la critique et l'inharmonie. »

Nous voilà en face de nos responsabilités, voyons-les clairement pendant quelques instants...

Et maintenant, entrons dans la méditation pour la santé collective, contactons l'énergie curative grâce à l'union réalisée et à la ferveur consistant à Etre dans l'Amour universel en s'oubliant pour donner. Disons mentalement :

« Que tous ceux qui œuvrent pour la santé
s'unissent dans l'Amour et la Volonté Divine.
Que la puissance de cette union permette
d'accroître la Lumière de la Connaissance.
Que cette Lumière contribue à la juste activité
et à l'harmonie dans tous les règnes.
Et qu'ainsi tout soit mis en œuvre pour
que le Feu Divin puisse purifier et libérer.

OM OM OM

Que chacune de nos activités soit l'expression de l'âme du Groupe alignée sur le Plan et sur la Hiérarchie. »

Cette expérience méditative se termine......

LES POINTS DU CORPS ET L'ACUPRESSING

L'ACUPUNCTURE est d'origine religieuse et chinoise, elle se situe à partir du « Yang » (positif) et du « Yin » (négatif), leur équilibre, le « Tao » étant source de santé suprême. Cet équilibre serait fourni, d'une part, par la nourriture (les aliments appartenant à l'une ou à l'autre de ces deux valeurs), d'autre part, à travers les méridiens du corps physique (dits chinois). Sur ces agents de circulation interne et physique que sont les méridiens, se trouvent des points précis, en relation avec les organes majeurs. Dans cette médecine, une manipulation intervient à travers des aiguilles placées sur ces points, sortes d'interrupteurs, ou de vannes, pouvant exciter ou apaiser. Ceci a été, pendant 5 000 ans environ, la base de la médecine officielle de la Chine.

De nombreuses écoles existent aujourd'hui en Europe et en France ; elles enseignent la pratique de l'Acupuncture, dont le terme veut dire « piquer avec des aiguilles ». « Ces aiguilles seront en or, en argent, ou encore, en acier très fin et réservées aux médecins, » dit le Dr. POUJOL qui vient d'écrire un nouveau traité sur ce sujet, parmi beaucoup d'autres.

Le diagnostic des maladies en Chine était basé sur deux principes : l'astrologie et la prise des sept pouls, différents à chaque poignet, chacun représentant un organe bien précis. C'est la pression plus ou moins profonde sur les artères radiales qui renseignerait le médecin, à condition que cela soit fait, de préférence, le matin, l'état de calme du malade permettant d'établir ou non, un bon diagnostic par ce moyen.

Et puis, il y a la valeur des cinq éléments qui correspondent aux cinq organes principaux du corps humain. Ces éléments sont le Feu, l'Eau, la Terre, le Métal, le Bois en relation avec cinq Planètes du Système solaire.

Une autre branche de l'Acupuncture, limitée à l'oreille, est nommée Auriculothérapie. Des aiguilles particulières sont, là aussi, utilisées sur des points bien précis, localisés sur cette partie du corps.

L'ACUPRESSING s'effectue avec les doigts, par simple pression, sur des points déterminés. Et, selon certains auteurs, il y aurait autant de points importants sur le corps humain, que de jours dans l'année. En ésotérisme, vingt et un points seulement sont retenus. Ce sont des endroits précis sur lesquels s'effectuent des stimulations ; elles ne présentent aucun inconvénient ni danger, dit le Dr. DALET, qui a, également, publié un ouvrage sur ce sujet. Le massage cutané, la pression du doigt (l'index en général) sur ces points, pendant cinq minutes, permet d'obtenir les résultats souhaités par des apports ou au contraire, des déblocages ayant pour but d'améliorer les circulations internes.

L'intérêt de cette méthode réside dans le fait que *chacun de nous peut l'appliquer sur soi ou sur les autres*, le but réel étant d'inciter le malade à « se prendre en main ». Mais la persévérance est là nécessaire ; l'observation de l'évolution en restant mentalement disponible, amène à participer, par la pensée, à l'action curative. Les respirations rythmées effectuées avant et pendant, ainsi que le calme émotionnel allié à la relaxation musculaire et nerveuse, prennent ici tout leur sens pour une bonne préparation et intervention.

Techniquement, il est conseillé de masser d'abord assez longuement autour et sur le point déterminé, en fonction du siège du malaise ou de la douleur ; plus le point est sensible au toucher plus il a besoin d'être traité. Il faut soit, appuyer et tourner le doigt dans le sens des aiguilles d'une montre, soit, faire un massage avec la paume de la main, la mise en contact de la radiation curative des paumes étant parfois plus importante et meilleure que la pression. Une chaleur, des picotements et même une légère enflure sont parfois ressentis ; ceci démontre un afflux de sang entraînant ensuite une décongestion, là où existait un blocage.

Des substances dites « anti-douleur » sécrétées par le cerveau, sont ainsi transportées par le système nerveux, en relation avec le système sanguin, et ce, jusqu'à la zone ou l'organe en difficulté.

La concentration d'actions et l'apport énergétique du corps éthérique produisent des réactions à travers la mœlle épinière, dit la médecine, et nous ajouterons : par les chakras, c'est-à-dire les sept centres majeurs, et les vingt et un mineurs (voir Vème étape).

Tonifier ou disperser les forces, tel est le sens de cette technique. Le professeur Paul MERIEL de la faculté de Médecine de Toulouse, dit que c'est par le système nerveux sympathique et le nerf vague que s'établit la relation avec les organes. Les points correspondraient donc à des zones cutanées dont l'innervation se trouverait reliée aux contrôles sympathiques de certains organes. Tout ceci est en circuit avec les effets du corps physique négatif.

Mais le corps éthérique positif est, lui, en relation étroite avec les corps astral, mental et avec l'âme. Les sept centres majeurs les vingt et un mineurs donnés par le Maître D. K. dans la Guérison Ésotérique (traduite par Alice A. Bailey) et quarante neuf centres éventuels, non déterminés dans ce traité, ont une action sur l'équilibre physique éthérique. Le degré d'activité vibratoire des centres et la sensibilité de l'individu, conditionnent les relations, par les sens, avec les plans extérieurs de la vie, ainsi que l'équilibre du système nerveux sympathique.

Les maladies ne sont pas uniquement d'origine physique, subjective ou psychologique, elles sont parfois, simultanément, exotériques et ésotériques, d'où l'apparente complication du problème de la santé. L'Acupressing est une technique naturelle parmi d'autres et peut être un bon moyen pour commencer à traiter soi-même ses propres difficultés, ou celles de ceux qui nous entourent.

La croix est le symbole d'un homme debout, les bras écartés placé à l'horizontale. Il y a une médecine, essentiellement, de type horizontal et exotérique (symptômes, spécialités, médicaments) et une médecine qui tend vers la verticalité et l'ésotérisme (Connaissance large et globale des forces et des Énergies). L'évolution amène l'être humain à s'orienter vers la verticalité.

CONSCIENCE ET MALADIE

Sur notre planète, la Terre, le corps physique préoccupe beaucoup ses habitants. Il est donc nécessaire de pénétrer davantage les origines des maladies en se souvenant que cette activité particulière appelée « maladie » est réellement une expression du plan divin. Elle apparaît comme une désorganisation en l'homme et nous vivons à travers « la conscience que nous en avons ».

L'état de santé est lié à de nombreuses causes cosmiques, aussi ne devrait-on pas les chercher seulement dans les refroidissements, la tension sanguine et les épidémies. Les causes sont subtiles et nombreuses ; il faut apprendre à les analyser sérieusement, en considérant la structure de la vie planétaire toute entière. Il faut donc accepter, de plus en plus, les aspects spirituels et psychologiques de l'ensemble, à travers la conscience mentale. Ainsi s'établit un pont entre l'inconscient et le superconscient.

Il importe avant tout de s'attaquer aux sources intérieures de ces maladies, en s'occupant, non seulement des états astraux et mentaux, mais aussi, des états de conscience. Ce sont eux qui provoquent, ou entretiennent, sur le plan organique, un mauvais fonctionnement et finalement, un mauvais état de santé. Seul ce que nous vivons « en conscience » compte réellement pour nous et agit sur notre organisme en conséquence.

Un vrai médecin devrait donc pouvoir dire à son patient : « Vous avez une attaque de cupidité », ou « une anémie née de votre susceptibilité », ou « des calculs de perfidie », ou « une attaque de haine », ou encore, « des crises de prétention », etc...

En parlant de maladie, nous partirons du principe que leur cause cosmique fondamentale et ultime, gît au-delà de notre compréhension, le cerveau humain étant encore fort limité. Néanmoins il faut savoir qu'elle provient toujours d'un manque d'harmonie, *d'une dissonance existant entre l'aspect forme et la Vie,* ou plutôt du résultat imparfait de cette union ; or, ce dernier doit s'effectuer, en chacun de nous, selon le dessein du Logos. Ce défaut, ce manque d'harmonie, produit ainsi ce que nous appelons la maladie et existe, actuellement, au travers des quatre règnes de la nature, c'est-à-dire, non seulement de l'humain, mais aussi de l'animal, du végétal et du minéral, provoquant ainsi la douleur (quand cette sensation est développée). Il en résulte la congestion, la corruption, et la mort (qui délivre périodiquement).

Les maladies sont un effet de la cristallisation et du blocage de la force vitale en l'homme, qui alors, se stresse et se crispe. Les conditions déterminantes provoquant ainsi une mauvaise santé, font naturellement leur chemin et elles s'expriment en partant de l'un des plans où cette force est focalisée. Ces conditions s'extériorisent selon des ères et des cycles, l'individu les reçoit, les transformant en maladies, ou en immunité à travers ses centres de vie.

Du point de vue ésotérique, toutes les maladies résultent essentiellement d'excès de stimulations ou d'inhibitions ; nous devons les déterminer et en prendre conscience.

— *Les stimulations mauvaises, excessives ou mal placées,* entraînent les tensions intérieures dans une certaine partie du mécanisme humain, entravant la libre circulation des forces, d'où malaise et troubles divers.

— *Les inhibitions, ou famine psychique par rapport à l'âme ;* l'accumulation de forces négatives diminue alors le courant des forces de vie, elles deviennent trop faibles pour répondre au besoin de l'individu.

Il est important de savoir que la maladie est une expression née d'un effort considérable de la part du corps physique ; c'est un état naturel ayant pour but de rechercher un soulagement et aboutir ainsi à la libération de pressions intérieures, d'inhibitions subjectives ou de refoulements cachés. Telle qu'elle s'extériorise chez l'homme, elle peut généralement être reliée à l'une des cinq causes suivantes, dont il faut prendre conscience afin de ne plus se laisser aller, ou envahir par elles :

1. *Maladie individuelle,* dûe à des conditions intérieures dans l'équipement de l'homme, à son état mental, ou à un état émotionnel, pouvant provoquer des troubles graves. Ceci est généralement *hérité du passé.*

2. *Maladies inhérentes à l'humanité* vu comme un tout, celles auxquelles tous les hommes sont sujets. Leurs germes sont latents dans les véhicules physiques de la majorité des hommes et attendent des conditions favorables pour se manifester : on peut considérer ces *maladies* comme *collectives.*

3. *Maladies accidentelles* : un individu en est victime, par exemple, quand il succombe à un mal d'origine *infectieuse ou contagieuse,* ou encore dans une collision.

4. *Maladies inhérentes au sol ;* nous n'en connaissons encore que peu de choses. Le sol de notre Terre est fort ancien et il est imprégné de *germes malsains* répandus, antérieurement, dans les règnes végétal, animal et humain. Ils se manifestent différemment à travers chacun d'eux, mais proviennent fondamentalement de ces mêmes *vestiges empoisonnés, plus particulièrement en certains lieux.*

5. *Maladies qui troublent la voie mystique,* ou maux particulier ; ils s'attaquent aux disciples et aspirants du monde. Dans chaque cas, ils peuvent être rattachés à un *afflux d'énergie submergeant des centres de vie* improprement équipés, ou insuffisamment développés pour transmettre correctement cet afflux.

Il faut se rappeler toujours que le corps éthérique d'un être humain fait partie intégrante du corps éthérique du Logos Planétaire ; il est donc relié à toutes les formes se trouvant dans le dit corps éthérique, et quel que soit le règne de la nature auquel elles appartiennent. Il fait partie de la substance de l'Univers et du Système solaire, elle-même coordonnée à la substance planétaire ; ceci fournit la base scientifique de l'Unité universelle et cosmique.

Or, *ce qui gît réellement à l'arrière-plan de toutes les maladies, c'est le sentiment de séparativité.* Il produit, actuellement, les principaux troubles et, de lui, naissent toutes les frustrations bien connues, avec erreurs d'interprétation, sources d'avidité et de possessivité, et défauts divers (ou manque d'expression divine), ceci, dans les trois mondes d'où sont issus nos trois corps : le physique-éthérique, l'astral-émotionnel et le mental. L'individualité entraîne la séparativité et prend naissance dans le corps éthérique, amenant l'incapacité de la forme extérieure et tangible à réagir correctement aux impulsions intérieures, plus subtiles. *La conscience doit devenir inclusive,* c'est-à-dire *s'élargir afin de percevoir le Tout.*

Les maladies, tant physiques que psychologiques, ont toutes leurs racines dans les valeurs « du Bien, du Beau et du Vrai », exprimant ainsi un reflet des possibilités spirituelles (toujours latentes). L'âme contrecarrée, recherche la pleine expression de quelque caractéristique supérieure de la réalité spirituelle intérieure, et ceci provoque un, ou plusieurs points de friction dans la substance de ses véhicules (ou corps). Le regard de la personnalité se focalise sur ce point et cela devient une maladie, toujours aggravée par la peur et l'inquiétude. Le mental, les pensées et l'imagination s'en mêlent, négativement en général, augmentant encore la difficulté.

La médecine renseigne sur les causes de l'infection, ou les caractéristiques du sang, mais elle oublie trop, qu'à la base de tout ceci, il y a la force psychique et les valeurs de l'âme. Seul un corps prédisposé à la maladie par son karma, peut être infecté. Seul un mental prêt à accepter l'énergie de type spirituel, la reçoit.

Les infirmités de l'humanité sont reliées à l'état émotionnel et psychique de type inférieur ; *chaque imperfection née de désirs malsains en relation avec la pensée, empoisonne le monde physique, avec et en premier lieu, l'environnement immédiat ;* de cela il est important de prendre conscience.

Il est évident que les personnes dont la conscience se développe sont plus souvent malades que les autres ; les maux de tête, d'yeux, de dents, du cœur, et de nombreux autres, sont du domaine psychique. Mais ces personnes s'intéressent généralement à la relaxation, aux médecines douces et naturelles, à la méditation bien comprise et à la connaissance de leur constitution, ce qui les amène, peu à peu, à pratiquer « l'auto-guérison ».

Elles se débarrassent mieux encore de leurs maux en se CONSACRANT au service de leurs frères souffrants, en acceptant d'effectuer des efforts sur elles-mêmes, ce qui leur permettra de devenir, à leur tour, de véritables « agents de transmission » pour les Énergies spirituelles et divines. De nombreux croyants, à travers divers mouvements religieux et autres, « invoquent » Dieu. Ce fut essentiellement le travail de l'Ere des Poissons. Maintenant la Hiérarchie nous invite à « évoquer » les énergies de guérison, c'est-à-dire, à agir avec Elles, conformément aux Lois cosmiques.

Le travail dit sauvage; est relativement bien au niveau de l'intention. Le travail ésotérique, bien organisé, comporte de plus l'action dans la connaissance des forces et des Énergies qui créent et recréent tout sans cesse, dans le rythme des cycles et en fonction de l'évolution. Prendre conscience de son Devoir humain et de la Morale universelle, permet d'élever son propre niveau vibratoire et amène à l'État nécessaire d'inclusivité. Ainsi s'établit la démarche tendant à la guérison de l'Humanité comme centre de Vie planétaire, par la relation avec l'Innocuité, état de la conscience favorable à la substance guérissante. Il faut décider d'orienter sa Conscience et de la maintenir sur un plan de spiritualité agissante, afin d'entrer dans la Joie infinie et inaltérable, celle qu'éprouve un GUÉRISSEUR, digne de ce nom.

MÉDITATION

L'INNOCUITÉ

Position, respiration, détente et orientation mentale vers le haut, le lotus égoïque situé au sommet de la tête.

Au mot « innocuité », dans un dictionnaire courant, nous trouvons la définition suivante : « qui n'est pas nuisible ». En ésotérisme c'est bien autre chose et, avant tout, « la qualité d'un état d'être actif et positif ». La substance guérissante existant dans l'Univers a besoin, pour s'exprimer, de trouver un être humain inoffensif, donc incapable de nuire ; c'est la première condition pour devenir ce qu'il doit être, un véritable « canal de lumière et de joie ». Aucune barrière, fausse protection, ou sentiment de séparativité ne doit exister, afin qu'il n'y ait pas de rempart dans l'aura de la personne ayant décidé de laisser passer, à travers elle, la pureté de la parfaite et rayonnante substance énergétique, la substance qui guérit.

L'innocuité, expression et manifestation de la Triade Spirituelle, s'exprime dans la vie de l'homme parvenu à concevoir nettement son UNITÉ avec le TOUT. Ceci lui permet de neutraliser toutes les mauvaises émanations, sources de perturbations et de maladies.

Qualité active et dynamique de l'Ame unique, elle contient l'énergie d'Amour, qualité du second Rayon cosmique, établissant ainsi la relation nécessaire entre la Volonté-de-Bien, aspect dynamique du premier Rayon, et l'aspect du troisième Rayon d'Intelligence active, l'élément qui met en forme. Il s'agit donc d'une synthèse, base même de toute perfection équilibrée, seule capable d'amener ce « déversement positif et magnétique, qui guérit et bénit ».

Le but consiste à ne mettre en mouvement aucune cause imparfaite issue de sa propre personnalité, à défaut de quoi les résultats sont déséquilibrants, ou même destructifs. Cette action doit donc se situer en dehors de tout Karma, non seulement personnel, mais aussi planétaire. Il s'agit d'abord de bien comprendre ce qu'est cette substance guérissante. Elle existe en permanence dans l'Univers, mais elle a besoin de trouver une personnalité bien coordonnée, une pureté de mobile et d'intention, tout cela sous le contrôle de l'âme. De cette manière, s'établit la liaison avec les trois aspects de la Triade : Volonté spirituelle, Amour rayonnant et Action juste.

L'être humain, chacun de nous, doit sans cesse devenir meilleur afin de trouver en lui les véritables aptitudes à guérir, en sachant qu'elles sont siennes depuis toujours. Ceci passe par l'utilisation correcte du Mental, afin de donner vie et direction à l'image positive créée à un certain moment du travail de guérison. Cette image sera d'abord celle de l'Humanité, Centre de vie planétaire, ou celle d'un individu, cellule de vie, tour à tour, baignés dans la Lumière et l'Amour qui guérissent.

L'émotivité et le désir appartiennent au plan astral des mirages déformants ; ils doivent être réglés par un détachement plus réel, plus complet de son petit Moi. Pendant longtemps, il absorbe la conscience et les pensées.

Maintenant, établissez une vibration haute, située au-dessus de toute possibilité d'offense ou de blessure à autrui. Chacun doit construire la véritable condition intérieure par laquelle aucun mal ne peut plus arriver. A ce propos, la Bible dit : « Aucun mal ne t'approchera, aucun mal n'approchera ta demeure, car Il (le Christ) donnera à Ses anges, (les Dévas), la charge de te garder dans toutes tes voies ».

L'innocuité demande que, tel l'ange, nous montions la garde avec vigilance. Ainsi nous aurons la force, le courage et la foi nécessaire ; mais ils sont difficiles à coordonner au début de cette belle et noble entreprise. Ainsi nous devrons permettre à notre propre corps de rayonner ce qui est bienfaisant, devenant, par une compassion profonde et bien comprise, un canal permanent de Lumière, de Joie et d'Amour pur. Les centres de vie pourront alors les diffuser et aider ceux qui en ont besoin.

Maintenant réalisez en intention votre unité avec le TOUT, accordez votre petite volonté acceptante à la Volonté suprême du Logos, devenez perméable à l'Amour du Système solaire, sentez que vous êtes capable d'agir à travers votre conscience subjective en exprimant la qualité. Puis, laissez passer à travers vous cette merveilleuse énergie guérissante, l'énergie d'innocuité ; elle se déverse et vous devenez un véritable agent de transmission. Ressentez l'indicible joie, celle de donner, de donner encore sans aucune retenue et dans une totale impersonnalité, cette substance pure, parfaite, qui guérit et bénit, en neutralisant le Karma.

Telle est la mission, tels sont les moyens d'action du véritable guérisseur ésotériste, conscient et éclairé, donc efficace.

Revenez maintenant doucement vers votre conscience objective et commencez à respirer profondément...

LA GRAPHOTHÉRAPIE

On parle beaucoup de l'Art-thérapie aujourd'hui, à travers la peinture, ou la danse. Une autre forme se présente à travers l'écriture, c'est la Graphothérapie. La Graphothérapie sert à analyser les tendances d'un scripteur et elle montre aussi bien les acquis positifs et ceux dits négatifs en lui, à travers cette expression qu'est l'écriture. En décidant de tenter une thérapie il est possible de « se soigner », c'est-à-dire de modifier positivement ses tendances négatives, sources de maladies, et de difficultés. C'est en changeant son écriture et sa propre signature, dans le « bon sens » que l'on peut se transformer ; *le principe de l'identification au modèle supérieur* joue, là, pleinement, comme toujours.

Apprendre à écrire consiste simplement à exercer le cerveau et la main à former des lettres, puis des mots. A l'école, il est enseigné des normes quant à la grandeur des lettres, des espacements et des proportions ; mais, aucun de nous n'est resté fidèle à ces règles. L'homme ne se comporte, ni comme un robot, ni comme un traceur électronique, il est doté d'une personnalité et d'une âme. Néanmoins, un automatisme personnel s'instaure dans le tracé, et ainsi, le caractère, le tempérament et la personnalité apparaissent. Ils s'expriment avec leurs qualités, ou leurs travers et les difficultés d'ordre psychologique en découlant, créant limitations, blocages et conflits, sources de maladies.

Tout ce que nous voyons de concret et mis en forme, comme ce qui nous anime, est énergies ; elles se traduisent en forces, puis rencontrent notre Conscience, grande Réalité en l'homme comme dans l'Univers. Ces forces s'expriment, bonnes ou mauvaises et nous sommes, ensuite, dépendants d'elles.

Une énergie parfaite peut circuler dans la tête, dans le cœur de chacun de nous, mais nos imperfections peuvent la dévier ou la bloquer, alors, nos actes et nos gestes s'altèrent ; ceci provient souvent de ce que nos pensées sont défectueuses, malsaines ou égoïstes. Ainsi, l'écriture se déforme et exprime ces murs intérieurs appelés des « défauts » ; ils sont, en fait, des manques ou des difficultés d'expression. Tout cela détériore la santé, l'équilibre, et altère la joie de vivre indispensable. Nous sommes, ainsi, prisonniers de nos mauvaises habitudes.

L'écriture répond essentiellement à sept éléments : *la forme* (ronde ou pointue), *la dimension* (grosse ou petite), *la direction* (droite ou penchée), *la pression* (forte ou légère), *la vitesse* (rapide ou lente), *l'ordonnance* (répartition dans la page entre le tracé les espaces et marges), *la continuité* (liée ou séparée entre les lettres).

Symboliquement, on observe le volume de l'écriture et son orientation dans l'espace à travers :

La zone médiane, ou corps de la lettre ; elle représente la vie quotidienne et l'importance que l'on s'accorde (son Moi).

Les hampes, placées au-dessus ; c'est la recherche de l'élévation en qualité, la tendance vers l'abstraction, la spiritualité, le monde de l'Esprit (si elles sont simples).

Les jambages, placés au-dessous, indiquent l'importance de la vie matérielle et des instincts nous reliant à elle ; c'est le domaine de l'inconscient.

Ce qui va *vers la gauche*, c'est l'attachement au passé dont on doit se libérer afin de devenir libre.

L'inclinaison *vers la droite* montre l'action qui cherche un appui pour aller vers le but à atteindre. L'écriture droite, verticale, est en équilibre.

La Graphologie se présente comme un art qui exerce la sensibilité, mais c'est aussi une connaissance basée sur l'observation. En général, nous ressentons, nous observons et nous analysons mieux « les autres » ; sa propre écriture, chacun « y est habitué ». C'est pourtant à travers elle que nous pouvons prendre conscience du Moi et du Soi, modifier notre vie et épanouir notre être. C'est donc notre propre expression que nous devons apprendre à observer, puis, à accepter de modifier simplement ce qui a besoin de l'être, afin de « guérir » et de nous épanouir plus réellement.

Nous pouvons donc modifier, mais aussi déguiser (masquer) certains traits de notre graphisme. L'écriture se transforme avec son utilisation, elle s'organise ou se désorganise, en même temps que le caractère et la personnalité. La maladie physique, les troubles psychiques ou nerveux, s'y reflètent. Mais l'expression de l'âme et la Sagesse acquise, sont des facteurs importants ; elle les traduit aussi.

La Graphologie est basée sur un fait depuis longtemps reconnu : SON ÉCRITURE REFLETE L'HOMME. Il existe donc un rapport entre le tracé de l'écriture, la présentation et le psychisme du scripteur (celui qui écrit). Ania TEILLARD dit que le lien, entre le signe graphique et son sens psychologique, est le SYMBOLE.

D'une manière simple, l'homme s'est toujours représenté, au-dessus de lui, le Ciel, la Divinité, l'Esprit, au-dessous de lui, la terre, l'enfer, les instincts combatifs. Le haut est donc le domaine de l'imagination créatrice selon le Plan du Logos et de la spiritualité, tandis que le bas est celui des forces de la nature, les instincts de la vie animale et l'inconscient.

Entre ces deux zones, le haut et le bas, l'homme se place dans son corps physique et intellectuel, dans son Moi social, sa vie sentimentale et son activité de tous les jours.

Il faut savoir que la signature est, elle aussi et surtout très révélatrice, elle doit être naturelle et lisible, sans fioritures et de la même grosseur que le texte.

La Graphothérapie a pour but d'examiner d'abord, son expression écrite sans culpabilité, le remède est dans le geste graphique lui-même. Pour cela, le corps physique, les sentiments, les émotions, le mental et les pensées doivent devenir parfaitement calmes, tranquilles et clairs. C'est dans la détente nerveuse, musculaire, et avec le recul indispensable, que la forme de votre écriture va vous révéler, à vous-même, les difficultés à rectifier ; ces difficultés vous séparent de votre Soi supérieur, donc de votre âme et de l'Unité avec les autres, à trouver, absolument, pour se réaliser pleinement dans le sens universel.

Le principe de rééducation est simple, il demande seulement de la persévérance et deux minutes par jour, temps utilisé pour « écrire bien », en formant toutes les lettres correctement, en choisissant une bonne ordonnance, en enlevant tous traits et complications, ou boucles inutiles ; ainsi on se « recrée ».

Votre écriture peut donc devenir harmonieuse, cette harmonie qu'elle exprimera s'établira ainsi, en vous ; vous aurez libéré les forces négatives retenues par des clivages de mauvaises habitudes. De cette manière, vous ouvrirez l'accès aux énergies spirituelles, vous aurez pratiqué « l'auto-guérison » par une attitude positive.

LE CERVEAU ET LA DOULEUR

Nous savons que le cerveau a cinq ventricules et deux hémisphères, dont le gauche contient le langage. De plus, en lui, aboutissent les trois systèmes nerveux. Il est relié au reste du corps par la mœlle épinière et le bulbe rachidien servant d'intermédiaire, puis, au cervelet (l'un des centres régulateurs) et aux douze paires de nerfs crâniens. *Lorsque l'enfant naît, il possède déjà les quatorze milliards de cellules nerveuses,* de son cerveau adulte.

La nature électrique de l'activité nerveuse et cérébrale a été démontrée dès la fin du XVIIIème siècle, par GALVANI. L'ensemble représente une prodigieuse machine électrique comportant de nombreuses fonctions, assurant, entre autres, les sensations, l'unité psychosomatique et la conscience. Les cellules sont vivantes et sensibles ; elles constituent déjà un aspect de l'être humain, à travers ses diverses composantes. *La pensée et le mental ont leur siège dans le cerveau et toutes les thérapeutiques agissent à travers lui,* sur le corps physique. C'est un organe fragile, apparamment complexe ; il contient et exprime les notions de malaise ou d'esclavage, comme celles de bien-être et de liberté. C'est lui qui nous donne l'impression d'être « inclus dans le monde », mais aussi que « le monde est en nous », lorsque nous sommes attentifs à cet aspect de la vie à travers la conscience.

Les neuro-anatomistes ont déterminé, au niveau de l'écorce cérébrale, des zones de projection, d'intention et de mouvements, ainsi que d'autres, relatives aux associations dans le comportement. Certaines encore, dites de « silence » se rapportent à l'activité propre à la méditation. Elles sont abordées, d'abord, par la réflexion sur des sujets sérieux.

En tant que produits évidents de la conscience, les sentiments, comme le comportement, sont modifiés par l'expérience sociale et par l'expérience personnelle.

Chez l'homme, les facteurs sociaux sont extrêmement importants dans l'établissement, non seulement de l'endurance, mais aussi, dans le contexte de la souffrance. Des martyrs religieux pouvaient faire l'expérience de l'extase (et non pas de l'agonie) alors qu'ils étaient torturés à mort. Également, mais à l'inverse, certaines personnes manifestent la plus extrême souffrance d'origine psychique, sans aucune cause organique apparente. En Occident, l'accouchement est encore considéré comme douloureux, mais là interviennent maintenant les méthodes de l'accouchement sans douleur. Dans certaines ethnies, c'est le père et non la mère qui paraît souffrir lorsque l'enfant naît, au point même de rester au lit avec l'enfant pour récupérer, tandis que la femme retourne aux champs pour travailler.

L'analgésie procurée par l'acupuncture ou par d'autres modificateurs de la souffrance, opère par des principes physiologiques simples. Ils sont utilisés, en Sophrologie, par la Sophroanesthésie amenant, à l'aide du Terpnos Logos, à l'élimination de la douleur, par le cerveau.

L'écoulement de l'énergie dans le système de contrôle et de maîtrise, apporte la croissance et la santé, tandis que sa retenue est toujours associée à la souffrance. Sans ces techniques, dites de « Courant Direct », la neuro-physiologie classique aurait été incapable de fournir une théorie générale cohérente. La souffrance d'un membre fantôme (amputé) en est un exemple extrême ; mais d'autres formes de souffrances chroniques seront également mieux comprises, lorsque la manière d'opérer du courant vital sera plus complètement étudiée et autrement abordée.

Il est connu que les traitements, par visualisation et acupressing, affectent le champ électromagnétique du corps. Les états mentaux les plus profonds, associés à la connaissance de l'être intérieur et à la relaxation, sont remarquables par leurs effets équilibrants et harmonisateurs agissant, d'abord, sur la polarité électrique du corps (positive ou négative). L'angoisse, les émotions, les attitudes personnelles et culturelles ont aussi leurs effets sur ces champs. Mais comment ces modificateurs mentaux font-ils pour transformer et amener des changements dans les champs électromagnétiques, en tant que soulagement physiologique de la souffrance ?

La médecine sait depuis de nombreuses années que les remèdes qui calment la souffrance, la morphine et ses dérivés en particulier, agissent sur les neurones dans les cellules cérébrales qui, parfois bien, parfois mal, jouent sur le seuil et la sensation de souffrance.

La production naturelle de minuscules molécules de protéines appelées *endorphines* (ce qui signifie morphine intérieure ou endogène) et d'autres, les *enképhalines* (du mot grec, signifiant cerveau), a maintenant été découverte scientifiquement dans le cerveau. Ces dernières agissent tout comme la morphine, mais sont 20 à 40 fois plus efficaces pour diminuer la souffrance. En fait, il est probablement plus exact de dire que l'agent extérieur, la morphine, opère comme les endorphines et les enképhalines, les agents intérieurs. Ce sont des « opiacés naturels », des analgésiques que le cerveau sécrète et peut lui-même synthétiser, pour soulager sa propre sensation de souffrance, produisant ainsi des changements profonds. L'une des endorphines amène une profonde analgésie, une autre abaisse la température du corps, alors qu'une autre l'élève. L'une tranquillise et, une autre, peut engendrer de l'agitation et même une conduite agressive. Toutes peuvent produire des tremblements et des frissons. Étrangement, la molécule produite par la glande pituitaire (hypophyse) n'a, elle, aucune activité opiacée. Il apparaît de plus en plus, que la plus grande molécule comprend un système ingénieux de stockage. Ainsi, elle garde les plus petites, mais puissantes molécules particulières, comme dans « la glace » jusqu'à ce qu'elles soient nécessaires et utilisées alors. Bien entendu, la visualisation et l'analgésie mentale correcte, peuvent (ou non) faire intervenir les endorphines.

A l'Institut de Biologie Moléculaire, des chercheurs viennent de faire connaître la découverte d'un autre analgésique naturel du cerveau, différent des autres, celui-ci n'étant pas une protéine. Le cerveau a donc toute une série de mécanismes pour arrêter la souffrance ; ceux concernant l'analgésie par la visualisation et l'utilisation de courants électriques directs et naturels de l'homme vont se développer. Il a été réalisé maintenant, en Occident, que la souffrance pouvait être un stimulant de la Connaissance et être par là maîtrisée.

L'enképhaline naturelle a une influence sur la Connaissance elle-même, ceci, à partir même de son activité par rapport à la suppression de la souffrance. Le calmant extérieur de la souffrance, la morphine, n'améliore pas le comportement, ni la recherche de la compréhension, bien au contraire.

Une nouvelle vision du cerveau commence. L'Humanité pourra bientôt observer comment « l'Esprit » affecte la production de ces substances, la rendant ainsi « responsable ». Il y a la partie physique, celle de notre conscience de la souffrance, puis, celle du savoir par la Connaissance intérieure. Au bout de tout cela, après l'apaisement de la souffrance, il y a la guérison et le sens de la maladie dans le processus d'évolution collective.

Pour utiliser correctement le cerveau dans la guérison ésotérique irradiante, il faut créer un Triangle entre l'Ame (en haut), le cerveau (à gauche), et le cœur (à droite), l'irradiation s'effectuant par l'aura. Le guérisseur peut établir de cette manière un courant réciproque entre sa propre âme et celle du patient ; l'action doit être paisible, silencieuse et contrôlée. Ainsi sa propre aura est agrandie, en mouvement et stimulée par la lumière de l'âme ; le cerveau alors impliqué permet à la triple personnalité d'être, à son tour, stimulée à travers les centres. C'est un « courant doré » d'énergie qui afflue dans le centre le plus proche de la région où siège le trouble, le malaise.

« Nourrir la vie de l'âme du patient telle est l'œuvre de cette radiation ».

Et à l'intérieur même du cerveau existe un autre Triangle dit Majeur, établi entre les centres, dont les glandes endocrines sont l'expression physique : l'Épiphyse en haut, l'Hypophyse entre les sourcils et Alta-Major à la base du cervelet. Ces Centres sont dans le corps éthérique, toujours sous-jacent à la matière physique et c'est à travers eux que circule et s'exprime l'énergie de l'âme.

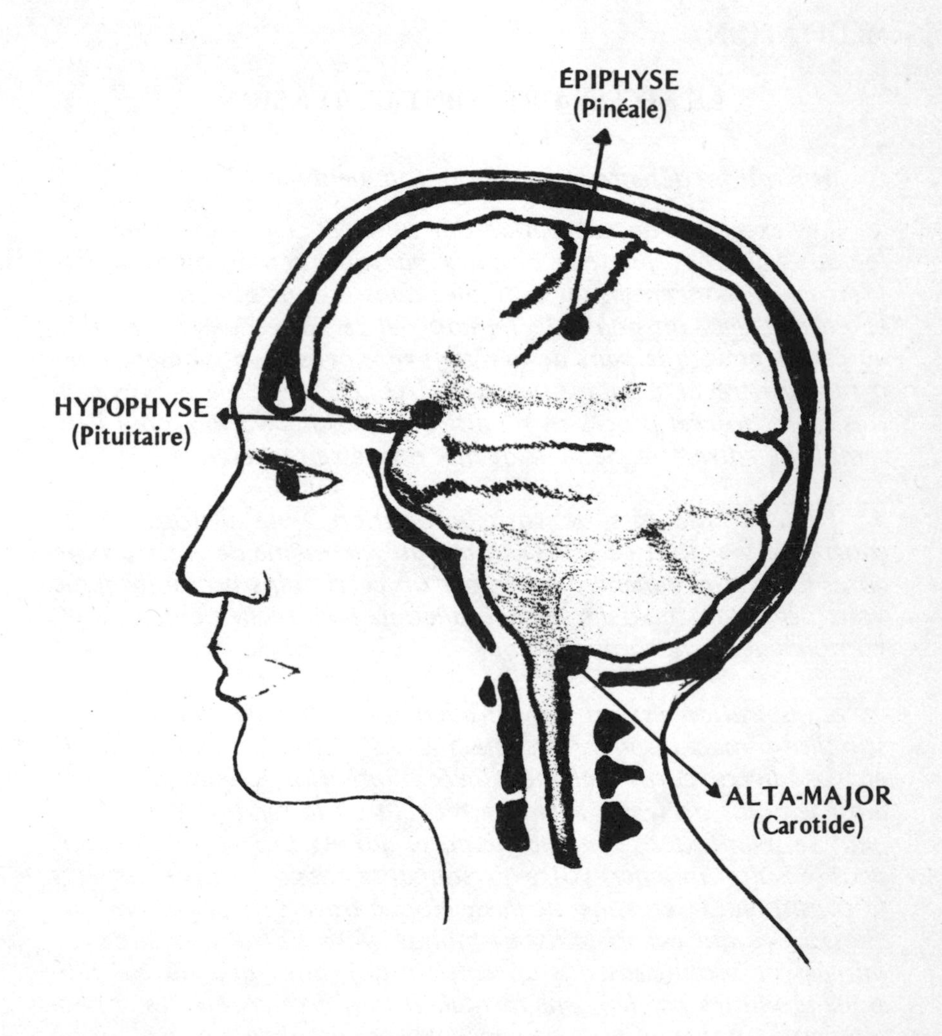

MÉDITATION

LE NÉCESSAIRE POINT DE TENSION

Inspiration, détente et concentration mentale.

Les exercices de respiration ont un effet uniquement physiologique, s'ils ne sont pas orientés par une pensée bien dirigée. L'effort de concentration doit aller dans le sens qui amène force et énergie vers un point de tension ; il se situe dans le cerveau, au centre et vers le haut de la tête. Votre pensée vous amène ainsi à reconnaître et à intensifier la QUALITÉ de la vie de vos centres, dans un réel processus d'unification et d'élévation, pour l'ensemble de votre être. Seule la qualité doit être recherchée.

Réalisez que lors de votre inspiration, vous attirez, par le souffle de vie, tout ce qui se trouve au sein même de votre propre aura. Elle est elle-même limitée par un cercle plus ou moins large vous délimitant au-delà, mais beaucoup plus réellement, que les contours de votre corps physique.

L'inspiration est un moyen ayant pour but de vitaliser et de stimuler ; mais inspirer, c'est aussi élever l'Etre. Les centres de vie et vos divers corps s'alignent avec l'intention ; vous atteignez ainsi le point de tension dans la tête, là où la relation avec l'âme peut se manifester. Son énergie pure, qui est Lumière et Amour, peut ensuite inonder votre personnalité, dans les trois aspects la constituant. Cette énergie passe alors à travers les centres de vie, chassant ce qui est cristallisé et bloqué, vous libérant aussi de vos mirages et brouillards dûs au corps astral, ainsi que de vos illusions produites par le corps mental. Il faut arrêter rêveries et pensées quelconques afin de se concentrer et établir une focalisation correcte dans la substance mentale.

Décidez donc d'arrêter toutes les pensées négatives, elles sont déjà constituées de petites vies qui vous envahissent et vous détruisent. C'est une décision à renouveler quotidiennement, tous les matins dès le réveil. Entretenir la continuité de conscience spirituelle et la concentration dans le point de tension, lieu où réside la lumière de l'âme, permet de maintenir sans cesse la relation avec les valeurs élevées de la vie. Ces valeurs sont nécessaires à chacun des individus qui souhaitent faire partie d'un groupe de guérison (même en formation), ceci n'empêchant nullement d'accomplir toutes les tâches incombant quotidiennement à chacun de nous, bien au contraire.

Consacrez-vous maintenant dans le plus profond de votre cœur à ce travail, avec toute votre foi, toute votre ardeur ; inspirez profondément, élevez votre vibration et tendez-vous vers ce point de lumière bleu-nuit, toujours présent au centre du cerveau. Il est la base même de ce PONT, dit « en ARC-EN-CIEL », que nous devons construire nous-même, afin de relier ce qui, en nous, est l'inférieur et de type horizontal, à ce qui est supérieur et de type vertical. Ainsi apparaissent la lumière verticale et la lumière horizontale ; elles ont un pouvoir d'attraction et de radiation, exprimant la Vie et le Service souhaités par votre âme.

Percevez ces deux lumières se rencontrant dans votre tête, là où est votre conscience. Vos vibrations s'élèvent encore et vous atteignez un autre état d'être ; vous devenez la Croix vivante et vibrante du Christ ressuscité. Mentalement et en étant très recueilli, touchez le centre de votre front, le centre de votre cœur, sur la poitrine et chacun de vos yeux, l'un après l'autre. En vous consacrant ainsi au service de l'humanité, devenez CELA et entrez en contact avec le deuxième aspect divin, l'Amour qui guérit. Le Christ fut et est le plus grand des guérisseurs de l'humanité souffrante en général, et de chacun de nous en particulier, lorsque nous exprimons la conscience christique. Il nous a incités à acquérir cet état de la conscience, nous laissant ce message : « Aimez-vous les uns les autres ».

Dans les Églises catholiques, par le signe de croix tracé d'une épaule à l'autre avec la main, on s'adresse à la matière et au troi-

sième aspect. Aujourd'hui, vous abordez consciemment le deuxième aspect, il s'exprime, lui, à travers les deux yeux, éveillant le troisième œil et la vision divine.

Maintenant, ensemble, nous pénétrons dans la Lumière spirituelle et universelle, nous la faisons descendre sur l'Humanité, afin qu'elle éclaire les vrais besoins du monde souffrant. Ensemble nous pénétrons dans le lieu où règnent le calme ineffable et le silence profond ; de là, nous projetons l'idée du don généreux et celle du partage, dans la compréhension la plus large. Réalisez que nous travaillons avec la lumière et nous nous efforcerons de transformer les ténèbres de la matérialité égoïste en compréhension, grâce à la clarté véritable. Ainsi, par cette lumière plus intense qui descend, les peurs disparaissent, une vie nouvelle s'éveille dans le cœur et la pensée des hommes.

Cette expérience se termine.......

PLEINES LUNES ET GUÉRISON

Si nous disons à un profane doué de bon sens et qui se veut objectif, la possibilité particulière de méditer au moment de la pleine lune, il nous regardera peut-être avec quelque ironie et sa première opinion sera de croire à la venue d'une nouvelle secte assez bizarre. Néanmoins, il est possible de remarquer que même dans des sectes les plus secrètes et les plus surprenantes, le rituel est souvent l'expression, plus ou moins dégénérée, d'une idée occulte parfaitement fondée. Mais l'idée originelle, basée sur un fait ésotérique certain, a rencontré des hommes avides de jouer avec les forces de la nature, mélangeant la réalité à leurs propres et faux désirs.

Il existe des mouvements sérieux travaillant avec le symbole du Soleil ; mais il y a aussi des soi-disant spiritualistes, ou naturistes, inspirés de la même idée et qui tombent dans des excentricités dangereuses. Ce mélange de sérieux et de pas sérieux, de fondé et de moins fondé, offre un excellent exercice de discernement, lequel est une qualité à acquérir afin de faire des choix judicieux.

Quant à la Lune, on ne saurait être aujourd'hui des adorateurs de cet astre mort. En réalité, la Lune elle-même n'a pas grand chose à voir avec cette méditation, mais plutôt le Soleil. C'est lui, seul, qui nous intéresse. Mais, s'il est vrai que dans une famille tous les membres la composant agissent les uns sur les autres, et s'influencent, de manière bénéfique, ou non, les membres d'un Système solaire (planètes et étoiles) s'influencent aussi les uns les autres par leurs comportements, leurs mouvements, et les qualités exprimées.

L'influence des phases de la Lune n'est plus à démontrer, aussi bien sur la nature en général que sur l'organisme humain : les savants et les astronomes en expliquent fort bien le fait physique. Il est moins parlé des réalités occultes et spirituelles sous-jacentes au fait physique, tangible et des opportunités réelles présentées par les positions du Soleil et de la Lune à certains moments, chaque mois.

Le fait physique de la pleine lune est simple. A ce moment là, la Terre se trouve située entre la Lune et le Soleil, la Lune n'interfère donc pas la projection des Rayons allant du Soleil à la Terre, et de plus, les Rayons reçus par la Lune, sont renvoyés sur la Terre. Ses habitants bénéficient alors d'une part des courants directs solaires, et, d'autre part, des courants réfléchis par la face de la Lune, pleinement visible à ce moment là. *L'échange existant alors entre le Soleil, la Lune et la Terre est des plus intéressants pour la guérison.*

Du point de vue ésotérique, nous sommes ainsi en présence de deux aspects du Feu solaire, celui émanant directement du Soleil, et celui qui arrive réfracté par l'intermédiaire de la Lune. Nous savons, d'après la Doctrine antique dite secrète, que les pitris lunaires sont des dévas mineurs, constructeurs de la forme. Ils travaillent dans la substance éthérique en accord avec les grands Dévas d'ordre supérieur, les Dévas solaires. Ces derniers vivifient, transfigurent, illuminent sans cesse les formes et les corps humains.

Au moment dit de la pleine lune, la coopération de ces deux grandes divisions de dévas est à son point maximum de stimulation, et c'est une opportunité extraordinaire pour la guérison. Le terme « guérison » est employé, ici, dans son sens le plus large, c'est-à-dire, au niveau mental, astral et physique de l'Humanité dans son ensemble.

Et, si la pleine lune révèle avec une acuité particulière certaines maladies, psychiques par exemple, cette révélation sera à l'origine d'une compréhension nouvelle et indispensable. Il n'est guère possible de guérir de ce que nous ignorons, ou connaissons mal.

Méditer au moment de la pleine lune, c'est utiliser consciemment les courants d'Énergies disponibles, pour accomplir un acte de guérison dans les trois mondes conditionnant l'homme. L'expérience peut se faire individuellement et améliorer ainsi sa propre santé, en méditant sur soi, à ces moments là. L'énergie suit la pensée, il suffit donc de penser correctement à l'aspect à améliorer, dans tel ou tel de ses corps, pour que des résultats positifs se manifestent. Ceci sera plus ou moins rapide, en fonction de la valeur de la méditation et de la pureté de l'intention. En méditant correctement pendant les périodes de pleine lune, les échanges télépathiques de qualité sont favorisés. Bien entendu, il convient que le motif soit juste, pur et désintéressé. Les effets sont alors puissants et dans le cas où ce travail serait accompli dans un but faux ou égoïste, il pourrait entraîner, à plus ou moins brève échéance, de très sérieux problèmes à l'individu imprudent.

La méditation de groupe, lors de la pleine lune mensuelle, est de plus en plus répandue en Occident. Elle s'instaure dans le rythme des forces de vie ; son objectif majeur tend vers la santé de l'Humanité et son équilibre se situant entre les règnes subhumains (minéral, végétal, animal) dont elle est responsable et les règnes supra-humains des Grands Etres veillant sur elle. Chaque mois apporte ainsi une possibilité nouvelle de guérison, en accord avec le symbole du Zodiaque qui le représente par les Énergies et qualités plus particulières du ou des Rayons cosmiques en relation avec lui. Leurs notes-clés et les mots de pouvoir, de chacun d'eux, sont des intermédiaires précieux pour relier l'âme au groupe et à la Hiérarchie, permettant ainsi de libérer les énergies de guérison. Le pont « en arc-en-ciel » qui relie les aspects inférieurs du mental et de la conscience, aux aspects supérieurs, est là, des plus utiles.

GUÉRISON BLANCHE OU NOIRE

Nous allons essayer de comprendre tout d'abord ce qu'est un Maître de Sagesse, en sachant qu'il fait partie de la Hiérarchie Spirituelle, elle-même constituée par l'ensemble des Maîtres qui veillent et aident l'humanité dans son ensemble. Ceci s'effectue à travers la Magie Blanche, c'est-à-dire l'action spirituelle transcendante.

Actuellement, incarné quelque part au Tibet, vit à Shigatsé, DJWAL KHUL, appelé plus familièrement D.K. par ses disciples, ou encore par son pseudonyme « le Tibétain ». Comme tous les Maîtres, il a passé la cinquième Initiation cosmique (et ceci n'a rien de commun avec les rituels de telle ou telle Fraternité).

Il agit, comme tous les Maîtres de la Sagesse, de trois façons, soit directement sur les plans intérieurs (très élevés de la conscience), soit incarné dans un corps physique (véhicule semblable au nôtre), soit en utilisant provisoirement un corps pour accomplir une mission particulière (ce que fit le Christ, qui utilisa le corps de Jésus, entre sa 30ème et 33ème année).

Avant d'avoir atteint le degré actuel, D.K. a tracé sa voie comme nous le faisons nous-même, à travers les quatre règnes inférieurs de la planète Terre, c'est-à-dire, le minéral, le végétal, l'animal et l'humain. Par la méditation, la connaissance et le service, il a développé un Centre élevé de sa Conscience, afin d'y inclure le plan de l'Esprit.

L'initié, parvenu au stade de la quatrième Initiation, peut, à tout moment, quitter son corps de chair ; il a alors atteint le plan de l'immortalité et est ainsi devenu un Maître de Sagesse, c'est-à-dire, libéré de tout karma humain. Néanmoins, pendant qu'il demeure volontairement incarné dans un corps de chair, le Maître reste limité par les cinq sens, le cerveau et même les organes physiques, comme nous le sommes nous-mêmes, par eux. L'essentiel de sa vie n'est pas là, mais dans l'Etre intérieur et il n'est pas soumis aux limitations relatives du temps, de l'espace et de l'emprisonnement dans la matière.

Les Maîtres de Sagesse restent dans l'aura de notre Terre dans le but d'aider l'évolution spirituelle des habitants de la Planète. Ils agissent donc sur un plan supérieur, celui de la Conscience et sont nos intermédiaires privilégiés, servant ainsi de lien entre le lieu où la Volonté de Dieu est connue, nommé Shamballa, et la Hiérarchie de la Grande Loge Blanche, dont le Cœur d'Amour est le Christ.

Le Tibétain fut un adepte éminent de la Vérité éternelle pendant de nombreuses incarnations. Ayant déjà vécu 1 500 ans avant Jésus-Christ, il fut plus tard un disciple intime de Pythagore (qui aurait lui-même été l'une des incarnations du Maître KOOTHUMI), et il fonda avec lui l'une de ses célèbres écoles. On le retrouve, ensuite, moine et contemporain du Bouddha, puis, plus tard, au Pakistan. Enfin, il s'est incarné au Tibet et vit là, dans un petit chalet de bois en grumes, près de la demeure de K.H. Il est nommé « le messager des Maîtres » et il est bien connu d'un groupe de lamas tibétains, ainsi que du Maître MORYA. C'est donc des confins du Tibet, où il vit toujours dans un corps physique, qu'il dirige des mouvements ésotériques importants et contribue à la formation de disciples contemporains.

Son érudition est telle qu'il fut chargé de dicter à Héléna P. BLAVATSKY, une grande partie de l'œuvre grandiose et difficile d'accès « La Doctrine Secrète ». Ce travail fut exécuté grâce à une forme de télépathie supérieure.

Il en fût de même avec Alice A. BAILEY qui transcrivit, sous la dictée du Tibétain, les vingt quatre ouvrages révélateurs du plus profond et du plus pur ésotérisme édité de nos jours. Ces livres ne sont l'exclusivité de personne, ni d'aucun groupe particulier ; ils peuvent être utiles à tous, quelles que soient les croyances de chacun, ou les mouvements auxquels ils appartiennent. Cet enseignement fondamental est une approche intellectuelle, psychologique et spirituelle. Il propose de restructurer le mental et d'instaurer de meilleures habitudes de vie ; l'un de ses buts consiste à élargir la Vision par une meilleure connaissance de l'action de la Hiérarchie. Nous vivons dans un mirage astral, de type collectif et individuel, dont il faut sortir. Le travail de guérison commence là, au niveau des désirs des hommes, dont l'orientation matérialiste, émotionnelle et égoïste, fait naître la maladie, entraînant ainsi la situation que nous connaissons.

La Lumière et l'Amour sont en chacun de nous, nous devons les découvrir, les fortifier, puis les exprimer. La Lumière Blanche est la Lumière du Christ, Cœur d'Amour de la Grande Loge Blanche (en relation avec l'Étoile, ou le Soleil, nommé Sirius).

L'École Arcane (fondée en 1933) est une initiative personnelle d'Alice Bailey et non celle du Tibétain, jamais il ne la dirigea, ni ne la supervisa. Elle fut et est utilisée pour ancrer dans l'humanité les activités de service nécessaires à l'évolution de l'Ésotérisme et la formation de disciples libres. D.K. donna aux hommes le Travail des Triangles ; il unit trois personnes subjectives autour d'une claire intention, dans le but de transformer le corps éthérique de la planète Terre. Le mouvement de la Bonne Volonté Mondiale, a, lui, pour objectif de rassembler tous ceux cherchant à établir de justes relations humaines, ainsi que la distribution de la « Grande Invocation ». Ce Mantram fut donné par le Christ il y a cinquante ans environ, afin qu'il devienne la prière mondiale du Nouvel Age.

D.K. propose aussi des méditations spéciales, capables d'engendrer guérison et renouveau planétaire, en suscitant certains grands événements, dont le retour du Christ. Trois dates sont à retenir : 1919, 1949, 1975 et cette dernière date marque le début de l'extériorisation, sur le plan physique, de la Hiérarchie spirituelle. Elle vient maintenant pour aider les êtres humains à passer de l'obscurité de l'ignorance à la Lumière de la Connaissance, et de l'idée de mort à celle d'immortalité. L'établissement sur Terre du Plan divin, doit être accompli consciemment et volontairement par l'humanité elle-même, selon la Loi cosmique.

Le Tibétain collabore invisible mais présent, avec les chercheurs de la Vérité dans tous les grands laboratoires et courants de pensée occulte. Il est en relation avec ceux qui sont définitivement dédiés à la guérison et à la consolation, ainsi qu'avec les grands mouvements altruistes et philanthropiques sur le plan mondial. Il travaille aussi avec des groupes de Dévas guérisseurs, à l'amélioration de certains maux physiques de l'humanité, et il assume, d'autre part, la charge de prendre de vrais disciples dans son Ashram. S'intéresser à la guérison d'une manière correcte en ayant pour base l'ésotérisme, c'est-à-dire l'utilisation des forces et des énergies, c'est accepter l'idée d'une relation possible entre D.K., sa propre âme et son mental, à travers un groupe. C'est aussi entrer dans le domaine de la Magie Blanche.

Mais il faut savoir que la Magie noire existe et que les « adeptes de la Loge noire » savent également guérir (comme ils savent provoquer les maladies et la mort), en employant des techniques très semblables ; les énergies sont neutres. La différence réside dans le fait qu'ils ne peuvent travailler qu'avec les rayons inférieurs (ou sous-rayons) de la personnalité du guérisseur et du patient. Ces « initiés » sont plus puissants sur le plan physique que les Maîtres ou les Membres de la Grande Loge Blanche et ceci rend souvent leurs agissements très efficaces. Les guérisseurs spirituels cherchent à travailler avec les énergies de Lumière et d'Amour, il est donc rare qu'ils obtiennent le même résultat sur le plan physique pur, dans le même temps (le corps physique étant un véhicule négatif).

Toutefois, les membres de la Loge noire et leurs guérisseurs (ceux qui travaillent sous son influence) sont totalement incapables d'agir sur un mal orienté spirituellement, si peu que cela soit, du fait que ce patient est passé sous le contrôle de sa propre âme. Ils n'ont pas non plus la faculté de rechercher pour eux-mêmes l'aide d'un guérisseur orienté spirituellement. S'ils tentent de le faire, ils se trouvent combattus par une Énergie provenant de l'Ashram auquel le guérisseur ou le patient sont affiliés (même s'ils sont encore à la périphérie du groupe).

Lorsqu'il s'agit d'une personne dont le mental est apathique et peu développé, le danger « d'ingérence noire » est nul. Les forces sombres ne s'intéressent pas aux personnes sans importance, mais seulement à celles dont la puissance, ou l'influence pourrait servir leurs fins néfastes. Ce travail n'est d'ailleurs possible qu'à des moments, périodes ou cycles, durant lequel l'homme doit « choisir sa voie ». Il va alors soit, avancer dans la vie spirituelle, soit, rester apparemment statique au niveau où il se trouve, soit, se tourner délibérément vers le sentier du pur égoïsme ; ce sentier mène à la Loge noire (surtout s'il possède quelque connaissance occulte).

Nous vivons une période de transition, une période de choix de conscience pour un très grand nombre de personnes. Voilà pourquoi il y a tant de pseudo-guérisseurs, mais aussi, tant d'authentiques chercheurs de la Vérité. Et ces derniers doivent entrer dans une démarche juste, un groupe avec lequel travailler, un Ashram ouvert à la guérison, tel celui du Tibétain.

C'est la conscience, éclairée par l'âme qui oriente vers la qualité et l'amour universels, afin d'œuvrer dans le sens de la vraie guérison et de l'immortalité, par la Magie Blanche, Œuvre de rédemption proposée par le Christ, il y a 2 000 ans.

MÉDITATION

LA RELATION AVEC LE MAITRE

Position, respiration dans le rythme, détente et concentration mentale.

Vous devez, tout d'abord, vous relier consciemment à tous les membres du groupe, prodiguant votre Amour le plus pur à chacun d'eux et à tous collectivement, vous associant à eux comme étant une partie du Tout, partie intégrée dans le Tout. Persévérez dans cet effort et concentrez-vous dans le point de tension placé dans le cerveau, un point bleu nuit, ou indigo, situé au centre.

Vous étant relié à tous vos frères de groupe correctement, élevez maintenant votre conscience aussi haut que possible, essayez de vous maintenir fermement ainsi, en tenant le mental résolument « dans la lumière ». Laissez la conscience physique tomber en-dessous du niveau conscient, sur ce plan.

« Faites un nouvel effort, rendez-vous compte que moi, le Tibétain, de mon côté, je demeure inébranlable, et déverse sur vous mon Amour et ma Force. J'essaie de vous élever jusqu'à un état supérieur, le plus proche de la Conscience universelle que vous puissiez atteindre.

« Visualisez devant vous, face à vous et vers le haut, un disque ou une sphère bleu indigo (un bleu électrique très profond). Dans le centre de ce disque, imaginez que se tient votre Maître et ami, le Tibétain, dont l'apparence et la personnalité n'ont aucune importance.

« Quand vous m'avez ainsi visualisé, debout et en attente dans la sphère bleue, alors essayez de voir, s'étendant entre vous-même, le groupe et moi, une bande de Lumière dorée ; cette Lumière est

le symbole du Sentier que nous foulons tous. Voyez ce Sentier se raccourcir progressivement, nous rapprochant ainsi de plus en plus, lentement, régulièrement, jusqu'à ce que vous entriez tous, dans le coeur même du disque bleu.

« Pendant que vous accomplissez cette visualisation et cette intégration, maintenez votre mental positif et attentif, tout en employant simultanément vos facultés d'imagination et de concentration. Cette triple activité va mettre vos possibilités à l'épreuve, cela sera un bon entraînement pour le travail ésotérique actif. Considérez toujours l'effort du groupe et rappelez-vous, qu'ainsi, vous vous aidez réellement les uns les autres.

« Une relation doit s'établir entre les Centres de vie de chacun de vous avec ceux des autres membres du groupe. Considérez vos Centres comme des transmetteurs radieux, irradiant l'énergie vers les Centres des autres membres du groupe ; il en résulte la formation de sept grands Centres d'énergie. Ils constituent les Centres vivants du groupe, Centres nourris et éclairés par l'énergie transmise par chaque individu, chacun de vous, formant ainsi une nouvelle vie, ou Entité, celle du Groupe maintenant constitué ».

Cette fusion entreprise correctement, entre l'âme individuelle et l'âme du Groupe, établit un rapport conscient avec la Hiérarchie, le Royaume des âmes. Tout groupe ne peut s'unir vraiment qu'à travers l'âme, dont le centre, ou noyau, est pour nous le Maître Tibétain.

Percevez l'état supérieur de conscience maintenant atteint et efforcez-vous de déterminer sa vibration. Imprégnez-vous de l'Amour, de la Force et de l'Energie, que seul un Groupe uni et fusionné dans l'âme, peut concevoir. Ceci exprime une aide d'une valeur et d'une qualité réelle, vraiment capable de dissiper une bonne partie des ténèbres qui sont encore dans notre propre corps astral, autour de nous et partout. Sentez la ferveur et la gratitude montant de votre coeur, vous permettant de rayonner plus encore et d'éclairer les autres, ceux qui sont dans les ténèbres et la souffrance. Accomplissez ainsi un vrai travail de guérison.

Cette approche et cette relation avec le Maître se termine, commencez à respirez profondément ...

L'OFFICE MONDIAL DE LA SANTE

Cet Office, plus connu sous son signe O.M.S., a, pour l'Europe, un siège à Genève, proche de ceux de l'O.N.U. et de la Bonne Volonté Mondiale. Son organisation et son action sont orientées vers la Santé dans le Monde et il affirme : « Atteindre le meilleur état d'être possible, est l'un des droits fondamentaux de tout être humain ... ». « La santé de tous les peuples est également essentielle pour l'établissement de la paix et de la sécurité ». Ainsi s'exprime le Préambule à la Constitution de l'Organisation Mondiale de la Santé, l'un des départements spécialisés des Nations Unies, fondé en 1946. C'est le résultat de près d'un demi-siècle d'efforts pour établir une coopération internationale dans ce domaine.

Depuis plus de trente ans, l'O.M.S. a travaillé à *promouvoir la santé, conçue comme un état de complet bien-être physique, mental et social* ; ses activités ont pour but de soutenir les services de santé nationaux et de ses états-membres. Elle s'efforce d'éliminer la maladie par l'amélioration de la nutrition, de l'habitat et de l'hygiène publique, en veillant à la santé de la mère et de l'enfant, la santé mentale, et en améliorant les standards d'éducation dans les professions médicales. Elles essaie de programmer, sur le plan international, des normes pour les produits alimentaires et pharmaceutiques, et, d'aider à l'information du public en matière de santé.

Un milliard de personnes souffrent de malnutrition et de maladies tropicales de type parasitaire. En fait, les deux-tiers des habitants du monde n'ont pas accès à une eau potable et à des installations sanitaires ; 80%des maladies peuvent être attribuées à cela et, en particulier, les fièvres, la malaria, ou encore la perte de la vue.

Le succès de cet effort de large coopération, le fait que les gouvernements nationaux et locaux, ainsi que les communautés, commencent à réaliser devoir partager la responsabilité de la santé de toute l'Humanité, a permis à l'Assemblée Mondiale de la Santé, en 1977, *de proposer cet objectif, « la santé pour tous en l'an 2000 ».* Tel est donc le but du travail pour les prochaines décennies. Ceci suppose que tous les peuples du monde aient un niveau leur permettant de mener une vie productive économiquement et socialement. Mais cela ne veut pas dire qu'en l'an 2000 plus personne ne souffrira de maladies, les causes sont liées au processus évolutif de la Vie elle-même et cela l'O.M.S. le sait.

« La Santé pour tous » implique un changement dans *les soins qui, de curatifs, deviendront préventifs.* Dans les pays riches, comme dans les autres, elle a trop souvent été liée aux notions de médecins, d'hôpitaux et de technologie médicale. C'est tout juste si elle n'est pas considérée comme « une marchandise que l'on peut acheter » et que le patient attend en toute passivité. Le résultat est celui d'un système technocratique, que même les habitants des pays riches parviennent à payer difficilement ; et *la responsabilité de prendre soin de sa propre santé,* se trouve ainsi minimisée à l'extrême.

L'O.M.S. reconnaît qu'il existe une inégalité dans la répartition des services médicaux entre les nations et à l'intérieur de chacune d'elles, entre la population rurale et la population urbaine, selon le développement social et économique. C'est le cycle bien connu : de la pauvreté à la malnutrition, d'où maladies, sous-éducation, sous-emploi. Les trops bas revenus, l'augmentation des maladies et de la pénurie doivent être attaqués sur tous les fronts.

Une certaine dépense d'argent est nécessaire pour accroître le développement et la distribution des soins de santé, mais cela n'est pas irréalisable. Le monde nanti dépense quotidiennement, en cigarettes, deux fois le coût des services de santé publics et privés, dans les pays en voie de développement. « Il est important de convaincre les gouvernements nationaux de s'engager financièrement envers les communautés locales pour les soins de santé fondamentaux », dit l'O.M.S.

Les problèmes de santé dûs à l'environnement, provoqués par l'industrialisation et l'urbanisation, gagnent en importance. Il y a une montée constante des désordres mentaux, de l'usage inconsidéré des médicaments et d'abus divers. En Occident, beaucoup de problèmes sont dûs aux abus de tabac, de nourriture, de boissons alcoolisées et de la drogue. Puis, il y a la pollution de l'environnement et les problèmes inhérents à la vie dans des centres urbains démesurés, ou les cités dortoirs.

Il est clair que *la santé* n'est pas essentiellement un problème médical, mais, *et surtout, un problème social.*

Il a été prouvé que 20 % des personnes qui fréquentent les services de santé dits généralistes, souffrent principalement, de *problèmes psychologiques,* ceci dans les pays industrialisés comme dans les pays en voie de développement. Un être humain sur dix a été affecté, à un moment de sa vie, par un désordre mental grave. Peut-on démontrer plus clairement *la nécessité de prendre en compte l'implication humaine,* plutôt que drogues et procédés techniques, comme il est coutume de faire ?

Les États Membres de l'O.M.S. ayant adhéré à ces objectifs, ont exprimé ce qui fut appelé « une expression collective et historique de volonté politique ». C'est la clé de la santé pour tous en l'an 2 000.

C'est surtout *la volonté spirituelle d'aider les êtres humains à découvrir la source de leur bien-être... eux-mêmes...* en se prenant en charge, aidés en cela par une meilleure connaissance de l'homme, de sa constitution et de ses besoins réels.

L'Office Mondial de la Santé représente l'espoir de la Santé de demain, sur la planète Terre.

THÉRAPIE ET COULEUR

Outre l'apport des sons, par la musique, il y a celui des couleurs. La CHROMOTHÉRAPIE (du grec Khroma - couleur et thérapie - soigner) est maintenant connue et elle commence à être utilisée dans ce but, soit extérieurement, soit, d'une manière plus subtile, de type subjectif, par la vision intérieure.

Nous savons qu'il existe une chromosphère, ou sphère de couleur entourant le Soleil. Elle s'exprime à nos yeux par le spectre solaire ; il comprend sept Rayons de Lumière de photons (grains de lumière) et aussi de petites vies, les dévas. L'arc-en-ciel, phénomène météorologique en est l'image visible ; ses couleurs vont du rouge au violet, en passant par l'orangé, le jaune, le vert, le bleu et l'indigo. Chacune de ses couleurs est l'expression de l'une des Sept Planètes, elles-mêmes expressions des sept Rayons Cosmiques qui partent du Centre et traduisent déjà ainsi, pour nous, la Grande Vie dont nous dépendons.

Comme les sons, les couleurs sont des vibrations dont les fréquences varient. Elles ont une influence sur les divers corps qui nous constituent, servant essentiellement à les vitaliser, ou à les stimuler. Souvenons-nous que les sept centres de vie (chakras) sont des tourbillons de forces diversement colorés, toujours en relation avec la conscience qu'ils expriment ; elle seule, par sa qualité, peut les modifier correctement. L'interrelation entre les sept couleurs, les sept notes de musique, les sept Planètes, les sept Rayons et sept chakras, apparaît là clairement.

Les couleurs pures et claires des vitraux des cathédrales, de même que les chants grégoriens, avaient pour but d'élever l'homme et d'ouvrir sa conscience à l'âme ; c'est elle qui possède le

« don de guérison ». *Quand l'être humain fonctionne comme une âme, il guérit, stimule et vitalise, en rayonnant autour de lui.* Mais pour cela, il doit apprendre à être un TRANSMETTEUR conscient afin que certaines forces et énergies spirituelles s'expriment à travers lui. Etre HARMONISÉ avec les sons justes et les couleurs pures, va permettre aux Centres de vie d'accomplir leur véritable rôle évolutif, tel est le but. Mais ceci passe d'abord, par l'IMPERSONNALITÉ ; il faut donc s'oublier et « se fondre » dans le jaune d'or, la radieuse Lumière du Soleil, expression du Cœur d'Amour et de la Volonté spirituelle (afin de supplanter égoïsme et petite volonté égocentrée). Il s'agit là de Lumière et de couleur subjective, vue et vécue en dedans de soi, les yeux clos. La Grande Invocation traduit aussi cette Lumière d'or, expression de la planète Mercure et du quatrième Rayon cosmique.

Auparavant, chacun de nous a rencontré le rouge du désir inférieur (à têtes multiples), celui de l'excitation, celui de l'envie de puissance, ou encore celui de la colère désorganisatrice, atteignant ainsi le système sanguin et le cœur. Les émotions négatives sont en relation avec la planète Mars, le sixième Rayon et le plexus solaire, placé à la hauteur de l'estomac. Le combat et le psychisme (de type inférieur), doivent tendre vers l'aspiration spirituelle, pour guérir.

Du rouge, on passe au rose romantique, affectif, et émotionnel, parfois mystique, avec les mirages de l'astral ; mais il y a un autre rose plus luminescent, celui de la relation sympathique et altruiste. Au bout du faisceau nous trouvons le blanc pur du Christ, capable de dissiper les ténèbres de l'inconscient, et les peurs insidieuses qui s'y cachent.

Chacune des sept couleurs contient elle-même sept sous-couleurs (exactement comme chacun des Rayons contient sept sous-Rayons). Ceci nous amène à quarante neuf teintes ; elles doivent s'unir, se FONDRE, dans le Rayon Blanc qui les conduit toutes. Il y a des Dévas blancs, grands constructeurs et guérisseurs ; ils travaillent seulement dans une collaboration obéissante, avec les Maîtres de Sagesse et d'Amour.

Il y a aussi des Dévas verts, couleur de la planète Saturne, Planète sacrée, expression du troisième Rayon d'intelligence active (comme la Terre, mais elle, est non sacrée). Cette couleur verte est pour nous celle du règne végétal, monde des plantes nourricières et de la photosynthèse. Mais le vert a aussi une relation avec le temps ; il nous invite surtout à oublier « toutes choses laissées derrière soi » dans notre passé ; ce dernier a servi uniquement à nous amener à être ce que nous sommes « ici et maintenant ». *Chaque instant est celui d'une réalisation, d'une guérison possible, si nous en décidons et agissons en conséquence,* c'est-à-dire intelligemment. Le vert, vous le savez, est le résultat d'un mélange de jaune et de bleu ; il a une relation avec le système endocrinien.

Nous trouvons encore des dévas violets, ils sont particulièrement les éliminateurs, les purificateurs des corps éthériques planétaire et humain, en véhiculant le Prana solaire, élément majeur de notre vitalité. Expression d'Uranus, du septième Rayon et du magnétisme humain, (qui attire ou repousse) ils ont un rôle important. Les dévas participent à leur propre évolution (parallèle à la nôtre) ainsi qu'à l'aspect curatif de l'ensemble des petites vies peuplant la Terre.

La couleur indigo s'exprime à travers le cinquième Rayon du Mental et de la planète Vénus, soeur aînée de la Terre, Planète sacrée, elle nous incite à tendre vers les voies de l'âme et de l'initiation permanente. De grandes Vies, appelées « les Seigneurs du Mental » vinrent de Vénus pour permettre à l'Humanité de se libérer de ses servitudes. L'indigo est en relation avec le Mental supérieur et abstrait, monde de perception divine et d'inclusivité spirituelle. Cette couleur apaise le système nerveux, les troubles mentaux, (le cinéma permanent des pensées) et les obsessions intellectuelles, toujours séparatrices de l'Energie de Vie. Nos cerveaux affolés peuvent et doivent trouver la tranquillité ineffable, source d'Unité et de sérénité. Pensez à la couleur du ciel lorsque la nuit descend, elle est source de Paix.

Le Soleil physique apparaît tel un disque de couleur orangée, lorsqu'il descend le soir sur l'horizon, avant de disparaître. Dispensateur de ce mélange de jaune et de rouge, il exprime une propriété particulière de désintégration, pour tout ce qui est en voie de modification. Placée dans la chambre d'un mourant, la couleur orangée favorise la séparation du corps physique des autres corps, lorsque l'âme a décidé que l'heure est en venue.

Enfin, voici la couleur bleue, la plus lumineuse, celle du Deuxième Rayon d'Amour cosmique, Rayon majeur de notre Système solaire. La planète ici est Jupiter, avec ses propriétés d'unification, en particulier entre « le coeur et la tête ». Elle doit amener l'homme à comprendre, puis à accéder au travail de groupe. Dans la Doctrine Secrète, « Jupiter est une divinité à la fois Symbole et suppliant, devenant l'intermédiaire grâce auquel les prières et demandes parviennent aux Dieux ». Ainsi Jupiter et le bleu relient l'âme, la forme et la qualité, à travers les signes du Zodiaque et les expériences « vécues en conscience ». Amener la fusion complète du principe d'Amour et du Mental, afin de permettre la réalisation par les Sauveurs du monde, tel est le but qui concerne la conscience humaine.

Dans « Lettres sur la Méditation Occulte », D.K., à travers Alice A. Bailey, nous dit que certaines couleurs ont un effet déterminé et il nous incite à utiliser essentiellement :

L'orangé, en stimulant l'action du corps éthérique, supprime la congestion et augmente la capacité d'influence du Prana, d'où son action sur le corps physique.

Le rose, agissant surtout sur le système nerveux, élimine dépression et débilité, augmentant ainsi le désir de vivre. Son action est en relation avec les émotions.

Le vert, a un effet général de guérison, il peut être utilisé pour les inflammations et les fièvres. Cette couleur, étant celle de la nature, participe activement à l'amélioration par l'apaisement qui suscite un meilleur rythme.

Il ajoute que la connaissance des couleurs ésotériques s'acquiert par le développement de l'INTUITION. *Le vrai travail de guérison est subjectif, il traite des causes,* non des effets (aspect extérieur des maladies) *et demande toujours la coopération consciente du patient.*

Des lumières colorées, lampes ou écrans peuvent être utilisées pour le corps physique ; mais pour les autres corps plus subtils, seul le pouvoir de la PENSEE peut amener à établir des relations avec les couleurs qui guérissent, « vues à l'intérieur de soi, comme des lumières vivantes et mouvantes ».

MÉDITATION

COULEURS ET CENTRES DE VIE

Position, respiration, détente et alignement conscient.

Les sept Centres, ou chakras, sont l'expression du corps éthérique, moule et archétype du corps physique. Cinq jalonnent la colonne vertébrale et deux sont situés dans la tête ; ils sont fondamentalement l'expression de l'aspect FEU, la pure force de Vie en l'homme. Reliés à la Monade et à l'Esprit, ils détiennent la volonté de vivre et l'immortalité. Efforcez-vous de faire « comme si » vous perceviez cela.

Leur relation s'établit, par des courants, avec la force même, elle est « Pouvoir » dans la Vie divine toujours orientée vers ses propres buts évolutifs. Cette force imprime, peu à peu, aux sortes de soucoupes que sont d'abord les Centres, des mouvements de rotations ; ils deviennent ainsi des roues tourbillonnantes. Des mouvements semblables forment les nébuleuses cosmiques, sur leur propre plan.

L'activité vibratoire de ces Centres subit une accélération progressive toujours en relation avec le niveau d'évolution de l'individu. Ceci forme essentiellement le « corps de feu incorruptible et indestructible », celui dont parle Saint Paul, dans la Bible. Il s'agit là du corps dit spirituel, avec ses trois Centres majeurs :

— le premier, le Centre de la Tête, exprime alors la Volonté de Vie et le Pouvoir divin, sa couleur fondamentale est le pourpre.

— le deuxième, le Centre du Cœur, c'est l'Amour et la Sagesse de la Triade spirituelle, sa couleur est l'indigo,

— le troisième, le Centre de la Gorge, est le siège de la Personnalité et de l'Activité intelligente. Sa couleur fondamentale est le vert.

Très important aussi, est le Centre coccygien placé à la base de l'épine dorsale ; il synthétise le Feu de Kundalini, « le serpent de feu lové, là », qui s'élève peu à peu, mettant ainsi les Centres en activité, l'un après l'autre, toujours en synchronisation avec la qualité de la conscience. Il est le plus bas des sept Centres.

Vient ensuite le Centre Sacré, placé au-dessus ; il s'exprime essentiellement à travers la sexualité, servant à créer d'autres corps, ceux de nos enfants.

Celui du Plexus solaire, situé au niveau de la taille, est en relation avec les réactions sensuelles, émotives et sentimentales, monde des désirs et du psychisme inférieur, avant d'être rédempté par une réorientation consciente.

Le Centre du Cœur, entre les omoplates, s'éveille de plus en plus dans l'Humanité, elle-même représentée par le Centre de la Gorge.

Nous trouvons, un peu à part, le Centre Ajna ; il s'exprime entre les sourcils. La personnalité unifiée doit se concentrer, là, pour ensuite projeter à l'extérieur la force créatrice, faite de Lumière et d'Amour.

Et puis, il y a le plus élevé, le Centre Coronal ; il comporte un « Joyau » placé au centre du Lotus dit égoïque, composé de douze pétales, symbole de la forme évolutive.

Il faut se souvenir que ces Centres ne sont pas en matière physique dense, mais constitués de tourbillonnements de force. Ils mettent en mouvement les substances des corps éthérique, astral et mental, leur conférant ainsi une activité particulière. Leur action est rotative et l'effet produit circulaire. Ce sont des « roues de feu », formées de sortes de pétales diversement colorés, d'où leur nom de « lotus ».

Un clairvoyant qui percevait ces corps subtils les a décrits ainsi :

— En bas, le Coccygien apparaît avec quatre pétales placés en forme de croix, ils rayonnent d'un feu orange et violet, dans une relation avec la matière et l'aspect éthérique.

— A la hauteur de la taille et entre les côtes, le Plexus solaire a dix pétales, il est de couleur rose, avec une pointe de vert et d'argent. Le rose c'est la sympathie, et ce sentiment avec son contraire, l'antipathie, dominent encore la majorité des hommes. C'est le monde des désirs (satisfaits ou non).

— Entre les omoplates, un peu à gauche de la poitrine, le Centre du Cœur a, lui, douze beaux pétales brillants, de couleur dorée avec un point bleu indigo au milieu. L'or c'est le Sentier vers le Cœur du Soleil ; la fusion, avec la Hiérarchie et le Maître, s'effectue dans le bleu indigo.

— Le Centre de la Gorge placé à la base du cou a seize pétales. Il apparaît vert et argent et est de type Humanité.

— Le Centre Ajna, ou frontal est entre les sourcils ; quatre-vingt seize pétales sont répartis en deux ailes, une moitié, ou aile, est rose et jaune, l'autre bleue et violette.

— Le Centre Coronal, au sommet de la tête, est, lui un merveilleux lotus scintillant de douze pétales, comme le Centre du Cœur, mais blanc et or. Neuf cent soixante pétales secondaires sont disposés autour des douze pétales centraux, voilà pourquoi il est nommé « le lotus aux mille pétales ». Le joyau est en relation avec le plan de la Triade, il exprime la Volonté du Logos à travers la forme évolutive archétype de perfection en chacun de nous. Il s'exprime dans l'acte de guérison bien compris.

Imaginez ces formes, ces couleurs, ces tourbillonnements, mouvements et échanges permanents. Cela existe pour un individu, un groupe unifié devenu ainsi une entité, et, jusqu'aux

Logos planétaire et solaire. Tout est semblable partout, prenez-en conscience et entrez dans la splendeur des mondes abstraits.

Cette expérience se termine...

GUÉRIR AVEC LES MAINS

Si vous souhaitez être un guérisseur, il faut que vous cherchiez à *unir votre âme, votre cœur, votre cerveau et vos mains,* afin de déverser la force curative sur le patient. C'est la technique retenue par les vrais guérisseurs spirituels utilisant les mains ; deux éléments du corps physique dense sont ainsi inclus : le cerveau et les mains. Vous allez opérer ensuite à travers un Triangle et deux lignes d'énergie vont s'exprimer par les mains.

Mais il faut d'abord, effectuer la mise en harmonie ; pour cela, reliez-vous à votre âme, puis, attirez l'énergie vers votre Centre cardiaque. Il faut ensuite la transférer dans le cerveau et elle doit rester, là, nettement, focalisée. Vous vous servirez du *Centre Ajna comme centre distributeur* et utiliserez vos mains comme un outil ; ainsi l'énergie, dirigée par elles, pourra atteindre la partie souffrante du corps du patient. Il convient, d'abord de faire passer l'énergie dans le Centre du patient en relation avec la région malade. Depuis ce Centre, elle va imprégner la région qu'il régit dans le corps, pénétrant à la fois le Centre de vie et toute la partie souffrante. Le diagnostic du trouble étant établi auparavant.

Vous pouvez utiliser vos mains de deux manières, il y a deux méthodes : soit celle de *l'imposition des mains,* soit celle de *l'utilisation active des mains.* A vous de percevoir celle qui convient le mieux.

1. L'imposition des mains est utilisée lorsque la région malade est strictement localisée. Plus précisément, la main droite va aller sur l'emplacement exact du Centre et la main gauche sur la partie du corps en difficulté, là où le patient se plaint de souffrir. Le guérisseur doit conserver les mains dans cette position tant qu'il peut maintenir clairement, dans sa conscience, le Triangle âme - cœur - cerveau. Ceci est très important, il faut s'y exercer auparavant.

2. *L'utilisation active des mains* comprend la localisation du Centre concerné, soit sur la colonne vertébrale, soit dans la tête. Ensuite, par l'action des mains, est créée une circulation d'énergie ; elle doit passer par le Centre du patient qui contrôle la région malade, puis par la région malade elle-même, et de là *aller vers vous,* vers le guérisseur. On utilise d'abord la main droite en la tenant momentanément au-dessus de la région ou de l'organe malade, puis, il faut la retirer lentement vers soi. Un mouvement analogue de la main gauche doit suivre ; c'est un va-et-vient calme et continu qui doit s'instaurer.

Les deux mains sont utilisées positivement, le guérisseur ne doit permettre à aucune partie de lui-même (de son corps, ou de ses pensées) d'être négatives. Il est faux de croire que la main droite est positive et la main gauche négative. Si l'une de vos mains était négative, vous absorberiez en vous-mêmes, les atomes malades retirés de la région atteinte. *Ces atomes sont extraits de la région, qui, elle, a réagi à la maladie instaurée.*

Dans le premier cas, par l'imposition de mains belles et bonnes, des mains douces et paisibles, *le flux d'énergie effectue un va-et-vient entre elles deux,* dans la région malade. (Souvenez-vous que le Centre coronal, ou de la tête, doit être constamment utilisé). Lorsque l'activité déclenchée, se traduit par un succès, *c'est l'énergie qui brûle et absorbe les forces inharmonieuses causant le trouble, sans pénétrer le corps du guérisseur.*

Dans le second cas, ces forces sont retirées par l'action de l'énergie passant *par les mains appliquées alternativement,* et selon un rythme régulier, à acquérir. Les forces passent donc par les mains, mais ne peuvent s'y focaliser grâce à la concentration mentale ; cette dernière envoie, par le Centre Ajna, les énergies curatives.

Telle est l'action magnétique en général bien mal comprise.

Les guérisseurs appartenant aux deuxième, troisième, ou cinquième Rayon, emploient généralement la méthode dite d'imposition. Cette *« guérison magnétique »* est celle de *l'action directe des mains* sur le corps physique du patient.

Dans la deuxième méthode, *elles sont immergées dans le corps éthérique du patient et travaillent dans la matière éthérique.* Les guérisseurs des premier, quatrième ou septième Rayon, emploient cette technique appelée *« l'immersion des mains ».*

Les guérisseurs du sixième Rayon sont rares ; ils ne réussissent que s'ils sont hautement évolués et emploient alors indifférement les deux méthodes.

Durant toute la période de travail, il faut observer le silence, ne formuler aucune affirmation et ne se servir d'aucun mantram curatif. *Le processus utilisé est celui de l'énergie, ou puissance de l'âme, agissant sur une force mal organisée et inférieure, source du malaise et de la maladie.*

La tâche essentielle consiste à maintenir une attitude de *concentration intense sur le Triangle,* constitué de lignes vivantes d'énergie. Il agit ainsi dans la propre aura quadruple, faite de l'aura « dite de santé », résultat de celles des corps éthérique, astral et mental, également présentes. *Ce Triangle* doit être conservé intact et stable durant toute la période d'intervention. Ame, cœur et cerveau sont ainsi coordonnés d'une manière très lumineuse. (Un clairvoyant véritable peut l'apercevoir, brillant dans l'aura du guérisseur ; peut-être n'en verra-t-il pas le sommet supérieur, là où est l'âme, mais il ne peut manquer de voir l'influx d'énergie allant vers le Centre cardiaque et de là vers le cerveau).

Le travail effectué doit être absolument silencieux, et bien concentré, afin qu'il n'y ait pas de déperdition de puissance, ni en paroles, ni en pensées. Et il faut maintenir le Triangle géométriquement correct et magnétiquement polarisé. Telles sont les règles essentielles.

Mais *selon la capacité et la qualité du guérisseur par rapport au malade, il est possible, ainsi, soit d'aider à guérir, soit d'accroître le mauvais état de santé.* Dans la cure par radiation, l'âme du patient travaille en coopération avec celle du guérisseur, et c'est alors l'âme qui porte la responsabilité.

Le Triangle est ensuite refermé lorsque l'œuvre de guérison est accomplie ; alors l'énergie curative quitte les mains, elle regagne le cerveau, et, de là, retourne à l'âme par un acte conscient et nécessaire de la part du guérisseur.

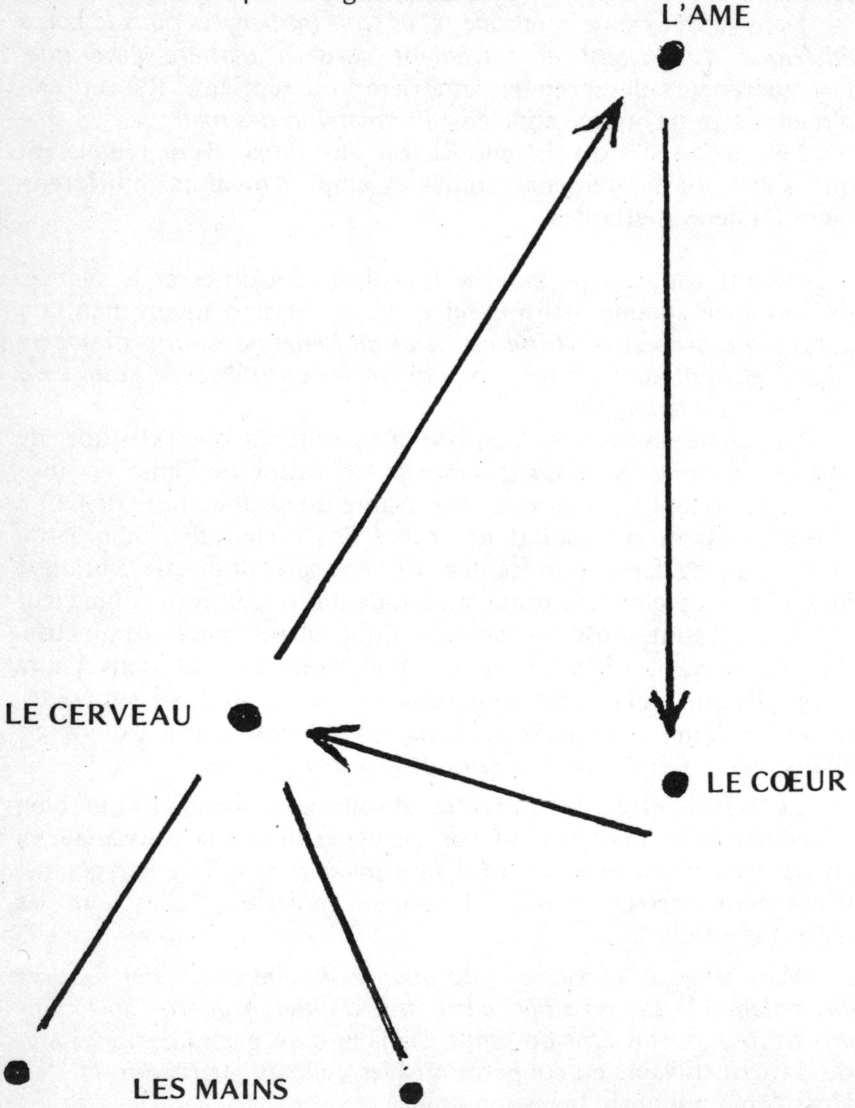

L'AME

LE CERVEAU

LE CŒUR

LES MAINS

LA THÉRAPIE ET LES SONS

De tous temps, le pouvoir qu'exercent les sons sur notre vie a été reconnu par les diverses civilisations du monde entier. Il est des sons qui apaisent, d'autres qui excitent et font souffrir l'homme, les animaux et même les plantes. Les traditions nous montrent de multiples cas de guérison du corps, par l'âme, avec l'apport de certaines musiques.

On peut affirmer que PÉRIODICITÉ et RYTHME sont des phénomènes universels ; nous les trouvons dans la musique. Pour illustrer cela, un seul exemple suffit, celui de l'action d'un muscle strié du squelette humain. Les contractions fortes de ce muscle mettent en jeu de réelles vibrations sonores, qu'un micro suffisamment sensible et précis peut rendre audible à un observateur attentif. Tous les processus se déroulant dans des muscles striés en activité, sont organisés comme des vibrations. Les processus chimiques et autres, suivent là des schémas réguliers, tels qu'ils sont imposés par les vibrations.

Le son est un effet de vibrations rapides et il entraîne une sorte de modification, bonne ou mauvaise, dans un milieu donné et une force en résulte. Comme une onde, elle s'étend dans toutes les directions, perdant de la puissance en s'éloignant de la source. Le son se déplace ainsi à travers l'air et cet air sert lui-même de support à n'importe quelle onde sonore.

On a beaucoup parlé de MUSICOTHÉRAPIE et il y a eu des congrès de type médical, sur ce sujet. Le rôle de l'oreille, ainsi que celui de la peau, absorbant les sons elle aussi, ont été démontrés.

Maintenant c'est la CYMATIQUE (mot grec signifiant onde, ou flot), science médicale nouvelle qui retient l'attention à travers les sons. Son fondement repose sur la nature et les propriétés des molécules composant le corps humain.

A ce propos, le physicien Sir Olivier LODGE disait : « Une particule ne peut frémir, ou bouger, sans perturber le milieu dans lequel elle se trouve. Un bateau ne peut osciller d'un côté sur l'autre sans perturber, ou rider l'eau sur laquelle il flotte. Un électron ne peut pas vibrer dans l'espace sans, en même temps, faire vibrer celui-ci par des ondes électromagnétiques. »

Parallèlement, des recherches médicales faites dans le même sens précisaient dès 1925, que les molécules formant nos tissus sont des sortes « d'entités électriques », et qu'une grande proportion des maux dont souffre l'humanité est d'origine énergétique. Le rapport ajoutait ceci, particulièrement important : « Ce sont des modifications électriques, ou transformations particulières par rapport à la normale dans la structure moléculaire des tissus et des cellules, qui forment la SUBSTANCE de notre corps, avec ses vibrations propres et ses ondes, appelées radiations. »

Tout est vibrations et l'harmonie, entre elles et les molécules, contient le secret de la santé parfaite ; chaque molécule, chaque atome du corps humain doit jouer un rôle juste dans l'ensemble. Si l'une d'elles bouge, les autres modifieront immédiatement leurs mouvements en fonction de ce déplacement. Le son traverse le corps. Dans un hôpital de Londres, on a constaté que les blessures guérissent un tiers de temps plus vite, lorsque des ondes sonores « de qualité » sont envoyées. Mais il faut qu'elles soient « en sympathie » avec les vibrations du corps blessé.

C'est à travers les diverses tentatives expérimentées par les écoles de médecine ou de guérison, que l'on apprend à restaurer cet équilibre nommé : la santé. De plus en plus, une certaine médecine devient consciente des effets secondaires très sérieux, causés par les produits chimiques pharmaceutiques et les préparations endocrines. Ces effets remplacent un état pathologique, par un, ou plusieurs autres états. Leurs actions perturbent certains électrons et quelques structures atomiques des corps.

Les sons peuvent représenter une médecine naturelle et intéressante, s'ils sont bien compris et utilisés « en harmonie » avec le patient ; là, est la difficulté.

Le Docteur argentin ZEBERIO s'est intéressé aux sons, à l'énergie humaine et pense que chaque organe du corps humain a une forme (éthérique), une psychologie, et un taux vibratoire déterminé. Une fonction spécifique permet ainsi d'acquérir une fréquence particulière, capable d'attirer des fréquences similaires ; cela est retrouvé dans le métabolisme des aliments, par exemple. Ce phénomène est subconscient (automatique), mais l'homme somatise ses états psychiques, de type astral ; les organes captent alors des vibrations, des fréquences non harmoniques et ceci altère leur fonctionnement.

A la perte de l'équilibre général, s'ajoute le retard apporté au développement de type spirituel, le vrai but à atteindre pour tout individu conscient dans l'humanité actuelle. Il est pensé que par l'emploi bien compris des énergies musicales, l'être humain peut non seulement éliminer ses divers blocages, ou excitations néfastes, mais aussi, acquérir dans les parties subtiles de ses divers corps, une vibration harmonieuse et supérieure à celle qu'il avait auparavant. Ceci entraîne une meilleure sensibilité de l'ensemble, sensibilité permettant de s'intégrer positivement dans son milieu, son groupe, afin de l'amener à se spiritualiser correctement.

Pour entrer dans « la résonance curative », il faudra rechercher une musique de type universel et ouvrir ses divers corps à la vibration du son. Le Professeur REZNIKOFF, de l'École Polytechnique de Paris, à ce propos parle, en particulier, du Soufisme qui aurait continué la tradition de Platon, selon laquelle la musique est une voie d'accès à la contemplation. Mais pas n'importe quelle musique, il s'agit là de pure musique sacrée, celle pouvant toucher l'âme et l'Esprit. Par la sensibilité et la qualité de l'Etre, il est possible de relier en soi et par le Soi (ou l'âme), le monde extérieur avec l'intérieur, le monde visible avec l'invisible. L'art sacré est « l'outil » par excellence et dans la musique, par le son, il aide à atteindre l'état de prière et d'élévation. Ainsi s'ouvre un monde de Beauté et d'Harmonie universelle, antichambre de toute guérison.

La musique occidentale avec ses sons discordants, ses symphonies romantiques, est un univers intellectuel et théatral fascinant. Mais ce dont le monde a besoin, c'est d'une musique universelle, basée sur la résonance harmonieuse, celle dans laquelle notre capacité de vie totale peut s'épanouir et s'ouvrir ainsi à la Vérité. Nous trouvons cela dans quelques brefs passages des grandes œuvres, souvent inspirées par le Christ, particulièrement dans les chants grégoriens.

L'abbaye de Solesmes a enregistré des disques de musique et chants sacrés, avec l'intention claire de recréer, en l'homme, l'harmonie, et ce, en établissant une ouverture correcte au monde spirituel (disque DECCA).

La musique orientale de l'Inde, d'Iran, de Turquie et du Japon, entre autres (et en particulier, dans les collections de l'UNESCO), apporte également une ouverture vers la détente et la méditation de type bouddhique.

Au commencement était le Verbe... et bien sûr, c'était un SON créateur, celui qui mit en forme l'Univers. C'est le AUM primordial, qui densifia, selon le Plan divin, les trois premiers états de la nature : solide, liquide et gazeux. Ce Son là fut la première indication de l'activité du Logos planétaire. Ce n'est pas une parole, mais une « réverbération » venant de Shamballa ; elle contient toujours tous les accords avec certaines tonalités musicales, auxquelles le nom de « Musique des sphères » a été donné.

C'est ce Son que l'âme (l'Ascendant en Astrologie), doit apprendre à reconnaître et auquel elle doit répondre, non seulement par « l'ouïe subtile », mais avec toutes les parties et tous les aspects qui constituent l'âme-personnalité. Vibrant alors en Harmonie dans tout son Etre, la personnalité entre dans la reconnaissance de sa vraie nature et l'un des Centres supérieurs de l'homme s'exprime par une expansion de conscience, d'où accélération vibratoire. Et c'est une initiation.

Le Son efface dissonances, blocages ou distorsions, sources de maladies. Le guérisseur doit trouver la Note juste, celle qui va ramener l'Harmonie dans le patient, par et avec l'Unité dans le troisième Groupe du quatrième Rayon cosmique. Ce Rayon est celui de la race humaine et de sa relation avec l'Art sacré : celui de la Musique curative dont le rythme doit s'enrouler périodiquement tel une spirale montante qui invoque, pour ensuite évoquer, c'est-à-dire apporter. Le troisième Groupe est celui *des guérisseurs spirituels.*

MÉDITATION

LE SON PRIMORDIAL ET CRÉATEUR

Position, respiration, détente et concentration mentale.

« Au commencement était le Verbe ».

Bien sûr, c'était un SON, le AUM émis par le Logos solaire ; il mit ainsi en forme notre Univers. Puis, il y a le OM de la tradition hindoue, et, de nos jours, l'utilisation de ce Son connaît un renouveau, né des besoins actuels de l'Humanité. Ceci est particulièrement utilisé dans les méditations de groupe ; elles s'étendent de plus en plus, ainsi que cela est prévu pour le Nouvel Age.

Il faut savoir que le mot AMEN, des Églises catholiques, n'est qu'une altération du Son primordial, utilisé, là, dans une forme religieuse devenue extérieure, dissociée de sa valeur fondamentale créative et spirituelle.

Le AUM (en trois lettres) fut donc la première expiration créatrice du Logos solaire. Il a résonné à travers les âges dans la famille humaine et il s'éteindra lorsque le processus d'involution (la descente, dans la manifestation et la matière) aura pris fin. Son but consistait à attirer l'Esprit sur le plan physique, à travers l'âme, afin de permettre à l'homme d'acquérir la maîtrise de son Moi inférieur. Par la voie de l'expérience acquise à travers des incarnations successives, il relie le passé, le présent et le futur.

Le corps du Système solaire est maintenant complet, bien que pas encore parfait. La conscience vibre dans chacun des atomes et les constructeurs de type inférieur (les Dévas), sont littéralement un « océan de feu » en activité. Dieu est Amour et Feu. Par le grand souffle qu'est le AUM, il produit un effet dans cet ensemble organisé de type hylozoïstique, c'est-à-dire où tout est constitué de vies, évoluant à des niveaux différents et complémentaires dans le Tout, en réponse au Son.

Au stade actuel de notre évolution, le OM (en deux lettres) est nécessaire à l'Humanité ; il est fondamentalement créateur et libérateur. Prononcé correctement en soi, il libère l'homme du mirage des formes extérieures. Elles ont été nécessaires mais il faut un jour s'en extraire soi-même, telle est la Loi universelle. Ce OM sert essentiellement à amener le contrôle conscient de la personnalité et de la forme, afin d'assurer le retrait des habitudes enlisantes. C'est la Réalité, à intégrer pour l'être humain qui s'est engagé sur la voie de Retour au Centre de la Vie (d'où il vient). Après la descente dans la matière et le corps physique, il y a la remontée vers le point de Vie initiale, pure et divine, vers la Monade. Elle est notre Source, le Lieu où l'on rencontre « le Père dans les Cieux ».

Il faut apprendre à différencier le souffle utilisé là et le Son, même intérieur. Le souffle est en relation avec le temps ; (si vous êtes impatient, comprenez le sens du rythme et de la respiration rythmée). Le Son, lui, est en relation avec l'espace, d'où la nécessité d'élargir sa conscience par l'Amour, l'ouverture à tous. Ces deux valeurs temps et espace sont relatives et nous devons un jour les transcender, afin d'atteindre l'Infini-éternel, toujours présent en nous, à l'intérieur.

La tension spirituelle intérieure est une expression naturelle de l'âme humaine. *Le moyen le meilleur et le plus puissant de prononcer le OM, le Mot sacré, est de le faire d'une manière inaudible dans la tête, le plus haut possible, en ayant conscience que c'est le Son même de la Vie, s'exprimant ainsi, à travers soi, pour tous.*

Il est « la note de résurrection » et elle agit sur nos trois corps, par les qualités de la spiritualité (l'Amour) et celles de la divinité (Volonté du Logos), Maître et Créateur permanent.

Ce mot de l'âme unique avait été perdu, oublié ; il est maintenant retrouvé, libéré par l'épreuve, la souffrance et la tension mondiale, élevant aujourd'hui la conscience humaine, globalement, parce que l'heure en est venue, il sert de médiateur.

Efforçons-nous de ressentir toute la signification de ce Son silencieux ; il nous aide, il nous délie de l'asservissement des conditions inférieures, sans détruire la matière, ni déplacer le problème, mais en nous amenant à un état d'être supérieur, exprimant la qualité de l'âme.

La Vie de notre Logos solaire conditionne le Logos planétaire, l'Homme Céleste de la planète Terre en qui nous vivons, nous nous mouvons et avons l'être. Prenons conscience de cela et situons-nous dans cette relation, puis, intérieurement et avec toute l'ardeur et la ferveur dont nous disposons, chantons dans la tête, le OM.

Ce Son doit être calme, doux et musical. Inspirons, élevons-nous et contemplons intérieurement l'Univers ; durant l'expiration, le Son descend dans nos divers corps, il pénètre à l'intérieur de nos cellules amenant ainsi, « l'auto-guérison ». Qualité d'être, sensibilité et perception spirituelle nécessaires, sont ainsi développées. Sa résonance amène l'harmonie parmi les vibrations discordantes, sources de maladies.

Cette expérience se termine...

SUR L'HÉRÉDITÉ

La compréhension des maladies héréditaires va nous permettre d'entrevoir que l'homme doit reconnaître là ses dettes et ses tendances karmiques. Nous nous trompons nous-mêmes lorsque nous croyons que ces prédispositions se trouvent dans les germes de vie et de substance se réunissant au moment de la conception et, qu'en conséquence, notre père ou notre mère sont responsables de la transmission de leurs propres déficiences. Il n'en est pas ainsi.

Vu sous l'angle plus juste de l'âme, le sujet incarné, VOUS, avez réellement et consciemment « choisi » vos parents. Votre conscience avait alors une vue claire de la contribution qu'ils pouvaient apporter à votre structure physique, durant cette incarnation. La nature du corps vital-éthérique prédispose ainsi, chacun de nous, à tel ou tel type de conformation, d'infection ou de maladie. La nature du corps physique est constituée de telle manière que sa ligne de moindre résistance doit permettre l'apparition, mais aussi, le contrôle ultérieur de ce que le corps éthérique a manifesté ainsi. L'âme en incarnation produit donc, dans son œuvre créatrice et par son véhicule vital, notre constitution particulière dans chacune de nos incarnations successives. *Les parents, choisis par l'âme avant la conception, apportent, en général sans le savoir, la contribution d'une tendance définie et nécessaire, à l'expérience à vivre.* Ainsi l'être humain n'oppose pas de résistance à certains types de prédispositions, déterminés par son Karma négatif et son propre passif.

Les étudiants des sciences ésotériques savent bien que *le corps physique n'est qu'un « automate constitué de matière »* Cet automate (ou robot) est mis en mouvement par *un corps plus subtil, constitué d'énergies éthériques,* auxquelles il répond entièrement.

C'est lui qui, à travers les chakras, *exprime véritablement le propre point acquis d'évolution.* Ce point peut et doit être compris, puis contrôlé, par la personnalité. Plus tard, cet ensemble unifié est à son tour contrôlé par l'âme, dont le but consiste à fusionner avec la personnalité ; alors la vraie guérison devient possible.

Il s'agit là de faits bien précis et le corps médical devra probablement les accepter ; un grand pas en avant sera ainsi franchi et nous n'en sommes pas loin.

Le corps physique-éthérique répond automatiquement aux impressions émotionnelles ou mentales, puis à celles venant de l'âme, lorsque la sensibilité nécessaire a été atteinte. Ceci s'acquiert par la qualité et l'ouverture de notre conscience ; elle doit apprendre à s'ouvrir au Monde universel. Lorsqu'elle est repliée sur elle-même, ses forces s'apauvrissent et les douleurs physiques s'installent. Les recherches médicales, faites maintenant sur le cerveau, le confirment.

Réalisez que vous êtes une personnalité constituée de trois corps, d'abord le physique bien connu, et une structure plus fine : vitale et éthérique. Puis, vient l'aspect émotif-affectif, dit astral, le monde des désirs ; ce dernier doit être apaisé ; ses remous sont ceux des réactions dûes aux humeurs changeantes, elles agitent l'eau contenue pour les deux tiers de son poids dans le corps physique. Les émotions négatives entraînent une désorganisation ; cette eau doit être comme « un étang toujours paisible et que rien n'agite », sans vagues, ni rides, afin de refléter « les splendeurs qui sont au-dessus de notre tête ». Enfin, il y a le corps mental et c'est lui qui crée, sur le plan de la pensée inférieure et habituelle, l'intellect se mouvant dans un cercle étroit. Or, l'énergie suit la pensée ; il est important de savoir comment est orientée votre pensée et si c'est vers votre propre petit Moi. *Les émotions et les pensées se mêlent créant ainsi mirages et illusions.* Il est difficile pendant longtemps de les différencier, mais dans un effort de « discrimation » on y parvient. Ceci amène à déterminer la part du Karma, aussi bien dans son aspect d'acquis positif, que dans l'autre aspect de manques négatifs où se situent nos dettes envers les autres, nos erreurs envers nous-même et les causes réelles de nos maladies. Ces voiles nous séparent de notre condition parfaite, toujours présente et inscrite en nous depuis le commencement.

D'incarnation en incarnation, *nous aurons la santé ou la maladie, non pas* en définitive, *héritée de nos parents, mais bien de « nous-même »*. Le déséquilibre se traduisant de cette manière peut être soigné médicalement et c'est une aide à ne pas négliger. Mais l'essentiel consiste, d'une part, à n'accuser personne, et d'autre part, à comprendre le sens psychologique que traduisent malaises, déficiences et maladies. Pour mettre toute la lumière, sur cette expression de soi, née de la « logique même de l'âme », il faut d'abord accepter totalement sa famille et l'hérédité véhiculée, puis, sa propre condition actuelle de santé, quelle qu'elle soit. Cette démarche vraie ouvre le canal de la perception spirituelle ; elle seule permettra de comprendre de quoi il s'agit, en Vérité, et comment peut s'effectuer la libération déjà prévue par l'âme. C'est elle qui, dès avant la naissance, a conçu le possible dépassement des limitations héréditaires relatives à la santé, comme des insatisfactions nées de l'environnement immédiat attiré magnétiquement. La condition difficile est là pour amener à accomplir l'effort nécessaire pour la dépasser.

« La joie est dans l'effort bien compris », lui seul permet de se libérer de l'emprisonnement de la matière nous aveuglant. La douleur a pour but de solliciter, en chacun de nous, cet effort, nous amenant à chercher, à comprendre, puis à trouver la voie de la libération par la Lumière et l'Amour dominants dans ce Système solaire. Là nous avons la Vie, le mouvement et l'Etre. Recherchons la plénitude, elle est au-delà de la maladie.

LA RÉINCARNATION

Cette théorie connaît une popularité croissante maintenant, en Occident. En Orient, elle a toujours été admise, bien qu'elle ait été ornée de nombreux additifs et interprétations diverses, souvent assez niaises. Elle a donc été déformée, tout autant que les enseignements du Christ, du Bouddha et de Krishna l'ont été, par leurs propres théologiens aux pensées étroites et à la mentalité bornée. Mais on accepte et on reconnaît, aujourd'hui plus volontiers qu'auparavant, les valeurs fondamentales de la réincarnation. L'origine spirituelle de l'homme, la descente nécessaire dans la matière, l'ascension progressive vers la Connaissance libératrice, par la répétition continuelle d'incarnations, amène l'homme vers l'expérience et la compréhension de la vie. Ainsi, les formes humaines deviennent peu à peu des expressions parfaites de la conscience spirituelle les habitant. Et une série d'initiations clôture un cycle d'incarnations.

Telles sont les principales solutions évolutives apportées aux problèmes de la continuité de la Vie. Elles mettent l'accent sur la permanence de l'âme humaine, visant ainsi à répondre à l'éternelle question qui jaillit un jour du cœur des hommes : D'où venons-nous ? Pourquoi ? Vers quoi allons-nous ? Or, seule la *solution apportée par l'idée de la réincarnation offre une réponse rationnelle à toutes ces questions.* Cette vérité a tardé à être acceptée parce qu'elle a été constamment présentée d'une manière absurde à la suite de ce que H.P. Blavatsky, dans le dernier quart du XIXème siècle, l'eût formulée pour le monde moderne occidental dans la « Doctrine Secrète ». Cette théorie a été mésestimée ; les orientaux l'ayant toujours admise, les occidentaux la considèrent comme païenne. L'un des aspects aveugles amenant cette manière de penser, repose sur le fait, pour les dits païens, de s'incliner devant « le bois et la pierre ». Mais, curieusement, les orientaux constatent que les pratiquants des religions occidentales en font autant, étant possible de les voir à genoux devant des autels, autour des statues du Christ, de la Vierge Marie, et des Apôtres, taillés dans le bois et la pierre, eux aussi.

Des limites de temps ont été arbitrairement assignées dans l'au-delà aux âmes humaines, entre leurs incarnations sur le plan physique, ceci, selon l'âge de l'âme désincarnée et sa place sur l'échelle de l'évolution, et ce, selon certaines écoles dites occultes. Ainsi, il est généralement dit que si l'âme est très évoluée, son absence du plan physique se prolonge, alors que le contraire se produit. Les âmes évoluées, celles dont les capacités d'intelligence et de spiritualité se développent rapidement, reviennent très vite. Ceci est le résultat de la sensibilité de leurs réactions à l'attraction exercée par les obligations et les responsabilités, déjà établies sur le plan physique. Les hommes ont tendance à oublier que le *temps est la séquence des événements et des états de conscience, tels qu'ils sont enregistrés par le cerveau physique.* Quand il n'y a pas de cerveau physique, ce que l'humanité entend par « temps » n'existe plus. Stade après stade, la suppression des barrières dûes à la forme et à l'individualité séparative, apporte une compréhension croissante de l'Éternel Présent. Certaines personnes ont franchi les portes de la mort et continuent à penser en termes « de temps ». Cela est dû à l'illusion attachée à cette valeur relative et à la persistance d'une puissante forme-pensée de ce type, liée à l'attraction du monde terrestre, sur elles.

L'absence de temps, l'indépendance au temps existe pour tout ce qui n'est pas périssable, ni conditionné par l'aspect physique. Ceci mérite une considération attentive, permettant de différencier le concret de l'abstrait. Ce n'est pas sous « la pression du temps » que *l'homme se réincarne,* mais bien sous les *exigences de ses dettes karmiques, ainsi que par l'attirance de ses initiatives, en tant qu'âme,* liées au besoin ressenti de remplir des obligations déjà contractées. *Il s'incarne aussi par suite du sens de responsabilité,* pour faire face aux exigences imposées par ses violations antérieures (conscientes ou non), des Lois universelles régissant « les bonnes relations humaines ». Lorsqu'il a répondu à toutes les exigences, nécessités d'âme, expériences et responsabilités, il entre pour toujours « dans la claire Lumière froide de la Triade spirituelle ». Alors, en ce qui le concerne, il n'a plus besoin du stade (de pouponnïère) par lequel l'âme acquiert son expérience, sur la planète Terre. Il est libéré des obligations karmiques dans les trois mondes, physique, astral et mental, mais il subit encore la poussée karmique planétaire. Elle extrait de lui les ultimes services qu'il est en mesure de rendre à ceux vivant encore sous la « Loi des Dettes Karmiques » personnelles et collectives, dettes auxquelles nous sommes tous soumis.

La Connaissance juste des niveaux de vie pourvus de formes, constitue l'A.B.C. de la théorie ésotérique. Il s'agit de niveaux où les fonctions de « l'organe de la pensée concrète » (toujours inférieure), réagissent sur ce qui est appelé le plan astral et sur le double plan physique (le corps physique étant constitué par le corps physique dense et le corps éthérique). En étudiant le trépas d'un être humain, il faut donc employer le mot « mort » en relation avec ces deux phases, dans lesquelles il fonctionne parallèlement.

La première phase est la suppression de la Vie dans le corps physico-éthérique, elle se divise en deux stades :

a) celui où les atomes constituant le corps physique sont rendus à la source d'où ils sont venus, au moment de la naissance. Cette source est l'ensemble total de la matière de la planète Terre ; elle constitue le corps physique dense de la Vie planétaire, dans laquelle nous sommes tous placés.

b) le stade où le véhicule éthérique, composé d'un agrégat de forces, rend à son tour ces forces au réservoir d'énergie. Cette double phase couvre le « Processus dit de Restitution » au moment de la mort.

La deuxième phase comprend le « rejet » des corps mental inférieur et émotionnel. Ceux-ci ne forment en réalité qu'un seul corps, c'est le véhicule des désirs-pensées faisant agir l'homme pendant longtemps.

Il est connu en ésotérisme que le plan astral et le corps astral n'ont pas d'existence propre. Le corps physique est fait d'une matière non considérée comme un principe divin ; de même, le corps astral (dans son rapport avec la nature mentale inférieure), se classe dans la même catégorie. Il est, pour certains humains, difficile d'accepter cela parce que désirs et émotions sont forts et puissants chez l'homme, ou ils revêtent une expression pendant longtemps dévastatrice. Mais vu sous l'angle du plan mental, le corps astral est littéralement « une fiction dûe à l'imagination ». Employant leur imagination en masse au service de leurs désirs, les hommes ont ainsi construit un monde illusoire fait de mirages, c'est le monde du plan astral.

Pour un homme en incarnation physique ne foulant pas encore le Sentier de la Libération spirituelle, le plan astral est très présent et il a une forte vitalité physique lui étant propre. Après ce qui est nommé la première mort, (celle du corps physique), le plan astral demeure encore avec les émotions s'y rattachant, mais sa puissance s'affaiblit lentement. L'homme dont le mental est développé parvient rapidemment à comprendre son véritable et nouvel état de conscience ; la seconde mort devient alors possible et elle s'établit. Cette phase couvre ce qui est appelé le Processus d'Élimination ; il est plus ou moins rapide, en fonction du développement mental.

Quand ces deux phases de « l'Art de Mourir » sont franchies, l'âme désincarnée se trouve libérée du contrôle de la matière. La prison a disparu et la conscience va pouvoir accéder aux Splendeurs subjectives et spirituelles, avant de prendre « le Chemin du Retour pour une nouvelle expérience terrestre » que nul ne peut éluder.

Comme il y a le jour et la nuit en alternance, il y a les incarnations et les périodes dites de retrait, d'où la réincarnation.

MÉDITATION

LE TROISIEME GROUPE

Position, respiration, détente, orientation intérieure.

Les étudiants et les disciples se rassemblant autour de l'œuvre de D.K. doivent savoir qu'ils ne travaillent pas seuls, ni d'une manière exceptionnelle. Par contre, il est nécessaire « qu'ils se consacrent au Plan » avec intelligence et passent dans la véritable impersonnalité ; ceci est indispensable pour pouvoir coopérer en tant que « pont d'âmes et de serviteurs ». Telle est la base même d'une fusion possible entre la Hiérarchie intérieure et subjective des âmes, avec le monde extérieur, celui de l'Humanité qui souffre, attend et veut espérer. Inspirez, élevez-vous vers le meilleur de vous-même et consacrez-vous intérieurement au service du Plan que les Maîtres connaissent et servent.

Les groupes vivent aujourd'hui une expérience relative à la fondation et à l'instauration de points focaux d'énergie, ceci, pendant l'incarnation de chacun placé dans la grande famille humaine. C'est à travers eux, à travers nous, que doivent s'écouler certaines de ces énergies destinées, à l'ensemble de la race des hommes, et, d'une manière indivisible, en imaginant, d'abord et en ressentant, ensuite, l'Unité de l'ensemble. Les techniques de travail sont nouvelles, elles reposent sur des « méthodes de transmission ».

Dix groupes différents et complémentaires existent dans le Nouveau Groupe des Serviteurs du Monde, le troisième est celui des Guérisseurs Magnétiques. Il ne faut pas ignorer que ces guérisseurs spirituels n'ont aucun lien avec le travail accompli par les magnétiseurs actuels, ou du passé. L'action doit maintenant s'accomplir d'une manière réellement intelligente, en accord avec les forces vitales du corps éthérique, ceci est essentiel. La transmission de l'énergie doit s'effectuer dans les diverses parties des corps, sur les plans mental, émotionnel et physique ; c'est seulement l'œuvre des groupes. Eux seuls peuvent être de réels intermédiaires entre le plan de l'énergie spirituelle (âme, intuition, volonté divine) et le patient, le groupe de patients, ou l'Humanité.

L'individualité doit donc disparaître au profit d'unités intégrées dans un ensemble cohérent, les personnalités étant fondues ; tel est le travail du Nouvel Age. L'âme sensible de chacun est ici en cause ; elle a accès au « réservoir universel de forces vivantes », celles qui doivent et peuvent être transmises en utilisant des techniques correctes dont il faut comprendre qu'elles, seules, sont efficaces ; les bonnes intentions, enrobées d'un tissu d'illusion ne mènent à rien, au-delà de faire ou de se faire plaisir.

Le Groupe des Guérisseurs doit utiliser trois centres, celui de la tête (le plus haut), le centre cardiaque (situé entre les épaules)' et le centre Ajna (entre les sourcils). Situez-les en vous et visualisez le Triangle ainsi formé. Pour les autres groupes, les objectifs et les centres sont différents. Chacun d'eux, dits d'essai, doit fusionner avec l'un des « dix groupes intérieurs » ; ils forment tous ensemble un seul Groupe, relié en permanence aux ashrams des Maîtres de Sagesse ; ceci est proposé aux hommes depuis 1930. Nous devons apprendre à travailler d'une manière correcte et avec l'esprit de synthèse, afin d'exprimer des Lois, planétaires et universelles. Ces Lois sont une expression, ou une manifestation des forces appliquées par le pouvoir de la pensée, ceci, en vue d'obtenir des conditions nouvelles et meilleures pour l'Humanité, collectivement et individuellement aussi.

Ces conditions sont celles du cinquième règne, règne mental et spirituel d'une civilisation, c'est elle qui ouvre maintenant le Royaume des Cieux sur la planète Terre. Cette œuvre est difficile, comme l'est, le fut, ou le sera, celle de tous les pionniers.

Efforcez-vous de passer dans la plus totale impersonnalité et accédez à la réelle sensibilité du monde subjectif. Percevez l'uni-

té du Groupe et réalisez mentalement que vous devenez, plus encore, un « canal de transmission ». Ainsi, l'énergie d'Amour peut filtrer à travers votre âme, vous amenant peu à peu à utiliser avec l'innocuité, les expressions supérieures que sont l'intuition et la Volonté spirituelle. Montez votre vibration et préparez-vous à voir la Lumière resplendissante du Cœur du Soleil, la Lumière de l'Amour. Elle se répand en vous, autour de vous et infuse le Groupe. Lui-même rayonne et apporte à l'Humanité entière des forces nouvelles de guérison collective. Ces forces, vous pourrez ensuite les « projeter consciemment » par le Centre Ajna, sur ceux que vous rencontrerez extérieurement, ceux qui le souhaitent et l'attendent de vous.

Cette expérience se termine, vous respirez profondément...

Pour être un GUÉRISSEUR

Il est indispensable de se RELIER au 3ème Groupe, véritable vortex d'Énergie curative. Il est l'un des dix Groupes qui forment le N.G.S.M. (Nouveau Groupe des Serviteurs du Monde) situé entre la HIÉRARCHIE et l'HUMANITÉ. Compréhension et visualisation claires font partie du processus à connaître, avant d'agir.

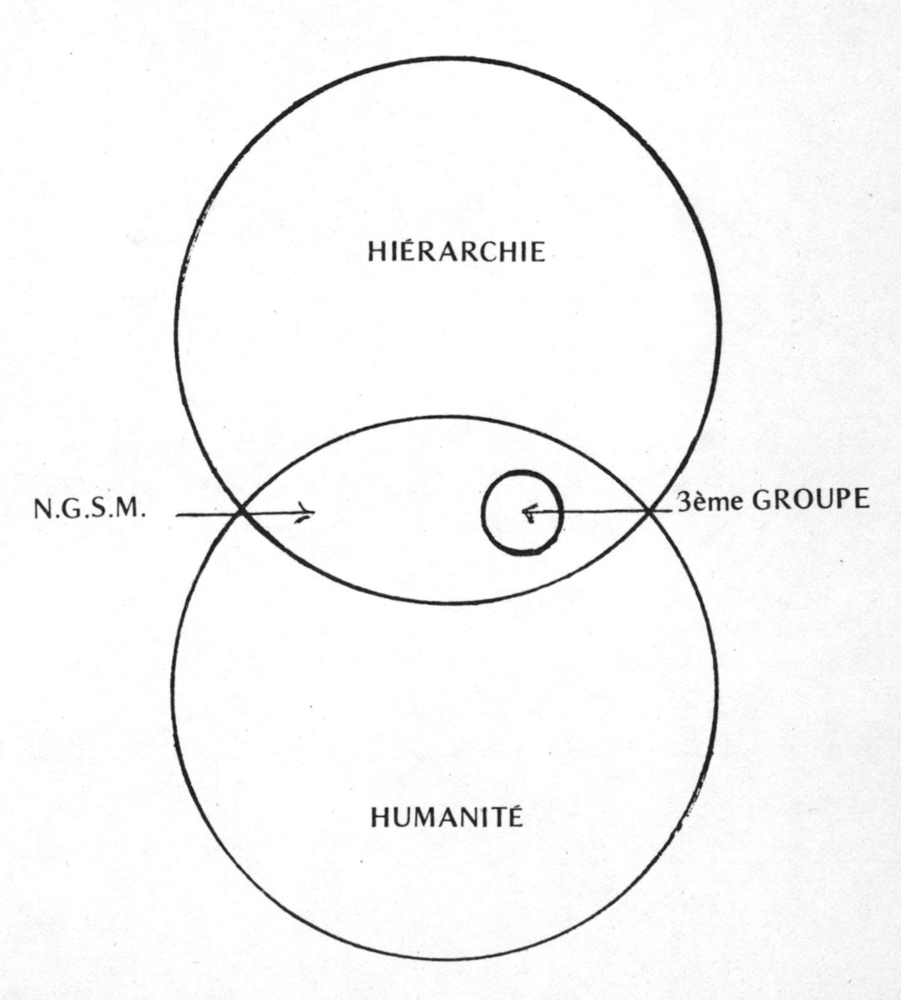

LE ROLE DES ÉLECTRONS

Un électron est un corpuscule très petit chargé d'électricité et l'un des éléments constructifs des atomes, nous dit le dictionnaire.

Jean CHARON, célèbre physicien contemporain, nous dit que la découverte par la Physique ne peut plus aller vers l'extérieur, elle va donc s'orienter vers le « monde intérieur » à travers la Relativité, dite complexe, et la Psycho-physique. Tout s'explique à travers la connaissance des électrons.

Cette découverte du monde intérieur constitue la troisième « Révolution Relativiste » accomplie depuis le début du siècle. Einstein avait déjà, par deux fois, bouleversé les préjugés sur l'espace et le temps. En 1905, par la *« Relativité Restreinte », il démontrait qu'espace et temps interfèrent l'un avec l'autre,* mais aussi, fait plus surprenant et tout aussi vrai, qu'un cosmonaute porté par une fusée ayant une vitesse proche de celle de la lumière, vieillit beaucoup moins vite que s'il reste sur la Terre. Puis, en 1915, par la *« Relativité Générale »*, Einstein se manifeste à nouveau en affirmant que *toute chose est formée d'espace et de temps, plus ou moins « courbé »* ; ainsi un grain de matière serait une « bosse » extrêmement courbée et localisée dans l'espace qui l'entoure.

Vers les années 1970 une troisième révolution s'amorçait. En effet, si l'espace se courbe trop, il finit par... crever, et on passe alors « de l'autre côté » (comprenons de l'autre côté de notre monde extérieur habituel).

En bref, la Physique découvrait ainsi que *de l'autre côté de notr monde habituel, les phénomènes se déroulaient spontanément, en faisant preuve de mémoire. La mémoire est un déplacement dans le temps,* mais il y a aussi le raisonnement évolutif dans le sens de l'ordre, ainsi qu'un genre « d'élan » continuel de l'espace, dont les ondes sont porteuses d'informations. De l'autre côté c'est, finalement, le monde intérieur, avec la définition que nous donnons habituellement à cette expression, c'est-à-dire le monde de l'Esprit placé au centre de TOUT, ou centre de la VIE.

Cette Nouvelle Révolution Relativiste sur la nature de l'espace et du temps, porte depuis 1977 le nom de *Relativité Complexe.* Elle montre que le champ d'investigation de la Physique ne peut plus se borner désormais au seul monde extérieur ; il faut qu'elle tienne également compte *d'un monde intérieur ; comme le précédent, il est fait d'espace et de temps,* et peut donc être décrit avec autant de précision que le premier. *L'Univers total comprend ainsi, un monde extérieur exprimant des propriétés physiques* (dont les physiciens sont familiers) *et un monde intérieur, caractérisé par des propriétés de nature psychique.* Ce sont ces deux mondes qui forment aujourd'hui l'objet de la Nouvelle Physique, que, pour cette raison, on commence à nommer la Psychophysique.

Les physiciens connaissant l'électron depuis Faraday, mort en 1867, n'ont pas accepté, « sans preuves », de considérer l'électron comme un objet du monde intérieur. Qualitativement, *l'électron* était , dès le départ, un *« candidat excellent pour l'invisible ».* Il possède en effet une masse, mais son volume observable est nul ; par ailleurs, *il joue au « passe muraille » avec la matière* ; il la traverse comme s'il ne la recontrait pas. En conclusion, on peut dire *qu'il n'est pas dans l'espace observable* (dans lequel on mesure le volume et où se localise la matière), *il est « ailleurs ».*

Restait, et c'était là bien sûr le plus important à prouver, que l'électron possédait aussi, puisqu'il était un « personnage du monde intérieur », des propriétés psychiques. Et ceci, il n'était pas question de le démontrer dans le langage de la Philosophie, mais bien dans celui de la Physique (c'est-à-dire équations à l'appui), ce qui fut fait.

Si nous, Etres humains, sommes « enfermés » dans l'électron (psychiquement parlant), nous dessinons, nous aussi, l'Univers avec ce dont nous disposons. L'analyse de la structure de l'électron doit alors permettre de calculer directement les facteurs d'échelle de valeur intervenant dans notre représentation du monde avec ses données physiques (comme par exemple la vitesse de la lumière).

On avait cru jusque là qu'elle appartenait en propre à notre monde extérieur, alors que ses caractéristiques sont celles de notre monde intérieur. Une telle analyse de l'électron, comme objet du monde intérieur, a maintenant été faite ; elle a permis récemment de retrouver toutes les constantes dites fondamentales de la Physique, cela confirme définitivement que *l'électron est bien « porteur d'Esprit »*.

Nous voici donc tous concernés, la Physique contemporaine confirma la célèbre intuition de Teilhard de Chardin : « les électrons entrent par milliards dans notre corps et sont porteurs d'une psyché. »

Nous pouvons nous représenter la conscience, en relation avec tous les électrons de notre corps. Deux aspects importants sont à souligner, *l'électron de la Physique est immortel,* et, par ailleurs, *il possède une mémoire cumulative,* elle ne peut rien oublier. Les électrons nous constituant sont nés de la Lumière il y a des millions d'années. Ils ont acquis au cours de nos incarnations successives, un « savoir-faire » qu'ils utilisent pour participer au fonctionnement de notre organisme, qui s'est ainsi perfectionné. La mémoire dite innée, est ce savoir millénaire que nous possédons tous ; mais nous avons un autre type de mémoire.

Pour s'y retrouver, il faut savoir que l'une de nos mémoires possède l'expérience et la Sagesse d'un très long passé ; elle est composée d'une voix presque imperceptible tant elle est multiple (l'innée), alors que l'autre ne concerne que cette vie, elle est proche et s'exprime d'une voix claire et forte. La nature a besoin d'utiliser nos deux mémoires pour assurer le fonctionnement harmonieux de l'être humain et elle a mis en place l'alternance de l'état de veille et de sommeil, de conscient et d'inconscient, comme pour nous montrer qu'il y a un monde extérieur et un autre monde, intérieur, infini et éternel.

Certes, l'électron, ce corpuscule, peut paraître bien petit pour nous contenir tout entier, mais notre « petitesse » ne nous empêche pas « d'être » par rapport à l'Univers entier. Il est possible ainsi, de s'identifier à son Soi du commencement à la fin des temps (en particulier dans l'état de méditation).

Nous pouvons donc profiter de la communauté d'électrons pour « explorer » l'Univers, tout en gardant notre identité. Chacun de nous est un petit univers conservant de manière indélébile des souvenirs raciaux et personnels, certains datant de millions d'années, faits d'alternance successives de vie et d'entre-vie. Il y a transformation du mode d'exister à l'occasion de ces alternances de la Vie à la Mort, mais il n'y a jamais de discontinuité, jamais de Mort véritable. Les électrons sont nés avec la Lumière et ils sont, comme elle, éternels.

La Physique rejoint, là, le fond commun à toutes les religions en concluant ainsi à l'immortalité. Elle vient retrouver, en même temps, les bases de la Psychologie Jungienne, notamment avec les notions de veille et de sommeil, de Conscient et d'Inconscient, et leur intervention dans la vie psychique, la vie du Soi, la vie de l'âme.

Les maladies dites psychiques, de plus en plus nombreuses, sont des maladies spirituelles. Les deux mémoires se combattent, aussi est-il important de parler d'immortalité en cette période de transition.

L'IMMORTALITÉ

Le procédé consistant à pratiquer la guérison individuelle ne constitue qu'une phase du travail à faire ; la relation établie entre le guérisseur et le patient vise essentiellement un but éducatif. Il faut que cette éducation soit adaptée à la condition physique de la personne malade, ainsi qu'à son niveau de compréhension mentale. En opérant selon cette directive fondamentale, nous sommes amenés à exposer brièvement, au patient, le travail à effectuer par lui-même, les efforts qu'il doit être prêt à consentir, ceci afin de faciliter en lui l'influx de la force curative. Il faut, symboliquement, que le patient soit prêt à « effacer ses erreurs » pour que le travail de guérison aboutisse. Selon la loi du Karma toujours présente, il ne peut en être autrement.

La tâche majeure de tous les groupes de guérisseurs (tels que la Hiérarchie cherche à les voir fonctionner dans un très proche avenir), est de préparer les êtres humains à ce que nous devrions considérer comme « l'aspect restitutif » (appelé la mort). Cet apparent ennemi que l'humanité a tant craint jusqu'ici, recevra de la sorte une signification nouvelle, plus vraie, claire et meilleure. Si nous acceptons d'orienter notre pensée dans cette direction, nous découvrons que le thème tout entier de la mort réapparaît constamment, puisque nos propres cellules meurent et se renouvellent sans cesse. Il résultera de cette attitude correcte un nouveau comportement devant le fait inéluctable de mourir provisoirement. Cela doit amener à une attente naturelle de cet événement inévitable et si familier, par le fait même que nous l'avons souvent connu, au cours de nos précédentes incarnations (même si nous n'en avons pas le souvenir).

Les personnes, non encore ouvertes à la Connaissance ésotérique, mettent l'acent sur le corps physique et s'identifient toujours à lui. Le sujet de la mort éveille généralement, en elles, une crainte morbide ; de ce fait, elles répugnent à l'aborder. Ceci est lié à la peur inconsciente et innée de la solitude ailleurs... ou celle de la perte de ce qui leur est familier. Pourtant la solitude intervenant après la mort, quand l'homme se trouve privé de son corps physique, n'est rien en comparaison de la solitude de la naissance, lorsque l'âme se retrouve enfermée dans une prison de chair.

A la naissance, l'âme est plongée dans une nouvelle ambiance et immergée dans un corps. Il y a d'abord, l'inhabilité à prendre soin de soi-même, et à établir un contact intelligent avec l'entourage immédiat, cela pendant l'apprentissage des premières années. L'homme arrive en incarnation sans connaître l'identité, ni la signification, pour lui, du groupe d'âmes, habitants des corps avec lesquels il se trouve en relation dans cette nouvelle famille humaine. Cette solitude disparaît graduellement, au fur et à mesure que s'établissent les propres contacts de sa personnalité, et qu'il découvre ses semblables par affinités, pour arriver à réunir autour de lui ceux qu'il appelle « ses amis ».

Après la mort, il n'en est pas ainsi ; l'homme trouve « de l'autre côté du voile », des êtres qu'il a connus et certains de ceux avec lesquels il a été lié pendant sa vie sur le plan physique. *Là, on n'est jamais seul à la manière dont les êtres humains entendent la solitude, et on peut, également, être conscient et en relation subtile avec ceux qui sont en incarnation.* On peut les voir, partager leurs émotions ou leurs pensées (le cerveau physique ayant cessé d'exister, il ne peut plus constituer un obstacle). Si les êtres humains étaient mieux informés, c'est l'expérience de la naissance qu'ils redouteraient et non celle de la mort. La naissance installe l'âme dans une réelle prison, tandis que *la mort est le premier pas vers la vraie libération.* (Ceci est connu en Orient).

Une autre peur incitant l'humanité à considérer la mort comme une calamité, lui a été inculquée par l'aspect théologique de certaines religions. Il y a la peur de l'enfer, « lieu où les châtiments sont infligés », en général d'une manière tout à fait disproportionnée par rapport aux erreurs d'une vie. (Que peut-on dire des terreurs imposées par un Dieu courroucé ?...) Il est enseigné à l'enfant, puis à l'homme, qu'il lui faudra subir tout cela, sans aucune échappatoire possible. Néanmoins, vers le XIIème siècle, apparut « le Purgatoire », où allaient ceux qui n'étaient pas tout à fait mauvais, ni tout à fait bons... Ces images punitives ont fait beaucoup de mal en Occident.

A mesure que ces idées erronées s'éteindront, la conception de l'enfer disparaîtra complètement de la mémoire humaine et ceci fera place à la compréhension de la Loi universelle. C'est elle qui amène chaque homme à préparer son salut, « ici et maintenant », sur le plan physique. Ainsi, conduit à redresser les torts qu'il peut avoir commis au cours de ses vies antérieures, lors de son passage sur la planète Terre, l'être humain devient conscient et, finalement, « efface sa propre ardoise », son propre karma négatif.

La peur et l'horreur de la mort, sont généralement fondées sur l'amour de la forme (notre propre forme physique), les formes de ceux que nous aimons, la forme du cadre et de l'entourage familier de notre vie. Or, ce genre d'attachement va à l'encontre de tout enseignement orienté vers les réalités spirituelles. Pour espérer en l'avenir par la libération de cette peur bien mal fondée et désorganisatrice, *il faut diriger sans cesse son centre d'intérêt vers le fait de l'âme éternelle.* Il y a une nécessité pour et avec cette âme, de vivre spirituellement, constructivement, et même divinement, au sein des divers corps qui nous constituent. En fait, ils sont « les moyens de contact » avec l'extérieur ; l'âme les a attirés magnétiquement, dans le but d'un détachement progressif des apparences et des formes.

Les Processus d'Intégration à la vraie Vie et d'Identification à l'idéal spirituel proposé, concernent le travail de l'homme se libérant par la fusion avec son âme, segment de l'Ame universelle, ceci en relation avec les niveaux supérieurs du plan mental. L'homme (toute petite partie), retourne périodiquement vers le Tout. Nous comprenons alors la véritable signification des paroles de Krishna : « Ayant imprégné l'Univers entier d'une fraction de Moi-même, je subsiste. » Lui, l'homme, le fragment conscient en voie d'expérimentation ayant imprégné d'abord le petit univers de sa forme, par son âme, dans les trois mondes, subsiste. Il se connaît ensuite comme une partie du Tout. (Extrait de la Bhagavad Gita).

Notre premier travail dans la guérison aura donc pour objectif d'amener la ou les personnes, le ou les groupes, à refuser l'aspect négatif et dramatique de la mort en parlant d'immortalité. Bien entendu, il ne s'agit pas d'imposer une condition, ni ses propres convictions, mais simplement d'essayer *d'attirer l'attention de son âme vers le malade, et parallèlement, l'attention du malade vers l'âme.* Ceci demande beaucoup de disponibilité et de compassion personnelle.

Pensez à cette relation privilégiée à établir d'abord, puis, à rechercher la cause réelle du malaise s'exprimant généralement dans le corps physique, par des blocages, ou des cristallisations. Alors, les forces vitales ne circulent pas correctement dans le corps éthérique de ses Centres de vie. Est-ce lui le responsable ? Le corps astral (émotif - affectif - imagination) est-il perturbé ou est-ce le corps mental (dans son plan inférieur bien sûr) qui est l'agent du désordre ? Avec le monde des pensées mal orientées ou trop fixées, celui des peurs entretenues, ou encore des buts pessimistes et négatifs, donc dangereux, que faut-il « éclairer » (avec beaucoup de douceur et de sollicitude), pour aider celui qui souffre ?

N'oublions pas de parler des erreurs que chacun de nous commet un jour ou l'autre, erreurs que l'âme, la conscience, la mémoire et les atomes permanents tout ce qui nous suit de vie en vie, nous oblige à compenser. Ceci crée en nous des combats, des conflits et des crises ; ils ont des effets sur le corps physique, afin d'attirer notre attention sur « ce qui ne va pas, au fond ». C'est cela la maladie.

Par cet aspect éducatif et la générosité s'y rattachant, l'apprentissage de la guérison s'effectue ; c'est l'un des moyens proposé et nous devons commencer à l'utiliser consciemment afin d'atteindre le courant curatif, celui qui accomplit « des miracles ». Par cet effort, ce service aux autres et grâce au Groupe, on revient consciemment vers le Centre de l'Immortalité.

MÉDITATION

LE CHRIST, LES DÉVAS ET LA MERE DU MONDE

Position, respiration, détente et orientation mentale.

Il arrive à certains aspirants et disciples d'avoir presque constamment conscience du Christ, présent en eux. Cela tient à une sensibilité croissante aux plans intérieurs et, en particulier, au fait que dans le corps astral d'un aspirant évolué, une grande partie de sa propre substance, provient du sous-plan supérieur du Plan Astral Cosmique. Cette expérience tient aussi du fait que le Christ, accompagné de ses collaborateurs, se rapproche de plus en plus du plan physique, celui dans lequel nous sommes concrètement.

C'est en 1936 qu'Il a, pour la première fois, pu focaliser son attention sur le premier sous-plan du plan astral de la planète Terre. Les personnes sensitives ont alors correctement réagi à l'Énergie nouvelle qu'Il y exprimait ainsi. Actuellement, le Christ, Premier Fils de Dieu ayant répondu à la Volonté du Logos, ouvre pour nous la Voie. Il se rapproche encore davantage, par Sa pensée et Son action. Si les peuples du monde saisissent l'occasion offerte, Ses forces et Son attention pénètreront encore plus profondément et se centreront sur les niveaux éthériques de notre plan physique.

Un grand nombre de personnes, aujourd'hui, ressentent, subjectivement cette force christique et connaissent Sa vibration. Saisissons l'occasion et formons un chenal, un pont solide, afin de la transmettre au plus grand nombre de ceux pouvant y être sensibles.

N'oublions pas Sa promesse faite il y a 2 000 ans et pour laquelle Il vient maintenant avec la Hiérarchie qui L'escorte et s'est engagée à L'aider. Il s'agit de la « guérison des Nations », telle que la Bible la mentionne. Cette guérison se produira si les hommes animés de réelle Bonne Volonté se montrent partout à la hauteur de cette tâche. Le travail du Christ et de Ses Aides est porté de plus en plus clairement à la connaissance du public ; ceci doit amener dans le monde des hommes, une détente, permettant ainsi aux Dévas constructeurs d'agir. Il y a actuellement une réaction positive, une sorte d'empressement envers cette prochaine venue du Christ ; elle est ressentie subjectivement par un très grand nombre d'êtres humains.

Quant aux Dévas, efforçons-nous de percevoir leur présence, en sachant que l'Humanité n'est pas encore apte à les approcher au moyen de la pensée habituelle. Mais il n'y a aucun risque pour nous, les Serviteurs, à prendre conscience des forces et des activités de ces Dévas. Ils sont inspirés par le Christ, Maître des hommes et des Anges (les Dévas), et ont leur propres réactions à Son travail, en vue de Son imminente apparition. Essayez de percevoir leur présence subtile ; ils participent activement à la guérison avec les Maîtres qui les dirigent.

Et maintenant nous allons tenter de comprendre ce qu'est la Mère du Monde, expression souvent rencontrée.

Elle est d'abord l'aspect féminin en manifestation, représenté dans bien des religions du monde par une Vierge-Mère ; dans la religion chrétienne, elle symbolise essentiellement la substance pure *qui permit, par la Vierge Marie, à la Divinité de se manifester avec un corps physique, celui de Jésus, qui devint le Christ exprimé, à travers lui.*

Puis nous la trouvons en tant que Nature, elle-même Mère et Archétype de toutes les formes. La Lune apparaît, là, comme planète de la vie génératrice du plan physique (donnant encore naissance à toutes les formes). Elle symbolise ainsi la nature mise « en forme » par la substance négative subsistant du précédent Système solaire. Il y a toujours la Vie, la conscience et la forme.

Enfin, dans la concentration de la force féminine réceptive à l'énergie divine, comme dans l'image de la forme individuelle de la Femme, elle est appelée aussi, la « Mère du Monde ». Il faut savoir qu'une telle individualité n'a jamais existé au sein de la ronde planétaire actuelle. Mais au cours du précédent Système solaire, les Initiateurs s'exprimant à travers la vie planétaire avaient pris une forme féminine et il en reste une puissante forme-pensée. La tradition des apparitions de la Vierge est donc un héritage du précédent Système solaire *; c'est lui qui nous a légué la matière, dont sont constitués tous les corps. Ce symbolisme de « la Vierge-Mère qui guérit » remonte à la lointaine époque du Matriarcat. A cette époque, Lilith était la Mère du Monde, ceci jusqu'à ce qu'Eve l'eut remplacée dans un symbolisme plus actuel ; puis il y eut la Vierge, mère de Jésus.*

Il est important de bien clarifier, en soi, les aspects essentiels du Christ, des Dévas et de la Mère du Monde, pour entrer dans la véritable compréhension de la guérison. Il y a d'abord la Guérison des Nations, membres majeurs de l'humanité, ensuite celle des individus la composant. Comprenons ce que sont les symboles des marchands du Temple, les apparitions et les guérisons de Lourdes et d'ailleurs. Réalisons que nous avons, maintenant ensemble, le privilège d'avoir une vue exacte grâce à l'aspect subjectif et synthétique du monde spirituel. Ceci doit nous aider à nous ouvrir à la vraie Vie et à la Conscience Cosmique indispensable, si nous voulons participer à un Groupe de Guérison authentique.

Identifiez-vous à la Vie qui est Une et positive, par la Volonté du Père, elle féconde la substance Mère négative. Les Dévas sont cette substance qu'ils façonnent aussi, *en fonction de la qualité de l'âme, qui entre dans la conscience.*

Cette expérience se termine, pensez à ces aspects de la création et de l'évolution permanente.

Commencez à respirer profondément...

ASTROLOGIE, MÉDECINE ET GUÉRISON

La médecine nouvelle ne saurait être formulée correctement, ni présentée intelligemment, avant que le fait du corps éthérique soit admis et que la société ait reconnu son existence, comme mécanisme fournisseur d'énergie ; il est l'aspect vital de la forme extérieure, celle que nous connaissons. L'attention du corps médical doit donc se détourner des seuls effets extérieurs tangibles et physiques, pour s'orienter vers les vraies causes, elles sont intérieures, situées dans les Centres de vie et le système glandulaire, avec les domaines d'activité qui leur sont afférents.

Un thème astrologique bien compris peut apporter là beaucoup de clarté, donc être une aide précieuse.

On peut remonter à la cause immédiate des maladies et retrouver leur source dans trois possibilités :

1. Dans le corps éthérique individuel, si le trouble est purement local (Plan personnel).

2. Dans le corps éthérique planétaire et en particulier dans celui du quatrième règne de la nature, l'humain, lorsqu'il s'agit d'épidémies (plan local ou régional).

3. Dans une situation telle que la guerre, ou les catastrophes naturelles, lorsque de grandes masses d'hommes sont impliquées (plan national ou mondial).

Les connaissances astrologiques ne doivent pas se limiter au seul thème de la personnalité mais s'étendre, dans le domaine de la médecine, au corps subtil et éthérique, siège de l'unité-santé. Jusqu'à maintenant toutes les recherches astrologiques dites traditionnelles effectuées dans le domaine médical, se rapportaient uniquement aux maladies physiques (effets ou résultats ayant d'autres causes). Elles vont s'étendre au véhicule éthérique-vital et ce nouveau développement est proche. Il y a là de nouvelles possibilités de guérison durable, mais aussi de prévention ; ceci entre dans de nouveaux objectifs maintenant envisagés par le Ministère de la Santé.

L'Astrologie Ésotérique, encore peu connue, est une Science. Elle permet de comprendre le conflit qui s'établit par le Signe solaire (Bélier, Taureau, etc...) entre la personnalité, enlisée dans ses habitudes et les sollicitations toujours évolutives faites par l'âme. Ces dernières apparaissent à travers l'Ascendant, expression du « But » de cette incarnation. De cette dualité entre forces cristallisées et Énergies sollicitantes, naît la maladie. Et il y a bien d'autres valeurs à retenir, toutes sont signifiantes.

Des conclusions astrologiques correctes permettent donc de situer l'état de la vitalité du patient et les causes des blocages, ou des frictions. Elles déterminent aussi le Dessein de l'âme (et ceci est, dans la médecine, une véritable révolution). Il ne s'agit pas là de prédictions oiseuses, mais bien d'une véritable Connaissance du sens de la Vie, à travers le Soi supérieur existant en chacun de nous.

Einstein disait d'elle : « C'est une Science en soi illuminatrice. J'ai beaucoup appris grâce à elle et je lui dois beaucoup. »

L'Astrologie étudie l'homme par rapport à une Unité de mesure Cosmique à travers des symboles : Zodiaque, Signes, Planètes sacrées ou non et Rayons cosmiques. *Le Thème natal, reflet du ciel extérieur à l'instant de la naissance, exprime les particularités intérieures qui animent cet homme.* Il se situe lui-même sur un plan de Conscience donné, par rapport à des Archétypes universels. Des sensibilisations périodiques interviennent à travers ce que l'on nomme les « transits planétaires » ; ces derniers sont des « rencontres », dites positives ou négatives, et ce, par la Loi universelle des Cycles. L'Univers est fait de mouvements, de rencontres, et d'opportunités, à connaître et à utiliser.

Des médecins, des psychiatres, des homéopathes, travaillent maintenant avec des astrologues sérieux. Certaines revues d'avant-garde alliant Science et Tradition en témoignent. Peurs inconscientes, psychoses, sont ainsi abordées différemment. Ceci ouvre un monde où la psyché humaine (l'âme) prend tout son sens. Cette âme appartient à un Rayon cosmique et la vraie guérison est là, dans l'Énergie d'Amour dite du Deuxième Rayon, celui dominant le présent Système solaire ; il contient la vraie guérison.

L'important consiste donc à trouver les moyens permettant à l'âme de s'exprimer, afin de résoudre les problèmes de santé, comme il convient. L'Astrologie a, là, un rôle important.

LA LUMIERE D'OR DE LA GRANDE INVOCATION

Du point de Lumière dans la Pensée de Dieu
Que la lumière afflue dans la pensée des hommes.
Que la lumière descende sur la terre.

Du point d'Amour dans le Cœur de Dieu
Que l'amour afflue dans le cœur des hommes.
Puisse le Christ revenir sur terre.

Du centre où la Volonté de Dieu est connue
Que le dessein guide le faible vouloir des hommes,
Le dessein que les Maîtres connaissent et servent.

Du centre que nous appelons la race des hommes
Que le Plan d'Amour et de Lumière s'épanouisse,
Et puisse-t-il sceller la porte de la demeure du mal.

Que Lumière, Amour et Puissance restaurent le Plan sur la terre.

La beauté et la force de la Grande Invocation résident dans sa simplicité et dans l'expression de certaines vérités fondamentales, acceptées par tous les hommes, normalement et spontanément : l'existence d'une intelligence supérieure, à laquelle nous donnons vaguement le nom de Dieu.
Derrière toutes les apparences extérieures, la puissance motrice de l'univers est l'Amour. Une grande individualité, appelée par les Chrétiens, le Christ, est apparue sur terre pour incarner cet Amour sous une forme intelligible. L'amour et l'intelligence émanent de la Volonté de Dieu. Et enfin la Vérité évidente du Plan divin pouvait se manifester seulement par l'entremise de l'humanité.

La Grande Invocation n'appartient à aucun groupe, ni à aucune religion en particulier. Elle est distribuée dans le but de servir ; des informations supplémentaires peuvent être obtenues en s'adressant à : « BONNE VOLONTÉ MONDIALE » :
1, rue de Varembé 3ème
1211 GENEVE - Suisse C.P. 31

POUR S'ÉPANOUIR

LUMIÈRE ET CONNAISSANCE est une asssociation (Loi 1901) née à Toulouse le 22 septembre 1981, grâce à quelques personnes appartenant au mouvement de la BONNE VOLONTÉ MONDIALE. Elles ont éprouvé le besoin de faire partager à d'autres ce qu'elles avaient compris, du sens de la VRAIE VIE, large, rayonnante.

La CONNAISSANCE est présentée sous diverses voies : la "Roue de la Vie", à travers les symboles du Zodiaque et l'Astrologie ésotérique. Les Lois cosmiques et leur juste utilisation permettant d'apporter à l'humanïté dans son ensemble comme à chacun, la possible "Guérison du Nouvel Age". Ou encore, la manière de voir correctement les "Grandes Religions du Monde", facettes d'une Unique Vérité exprimée à travers diverses races et civilisations, etc...

Sa caractéristique consiste dans le fait de révéler la LUMIÈRE seule capable d'éloigner l'ignorance et les peurs, sources de nombreux malaises, maladies psychosomatiques, et désordres mondiaux.

La Psychologie des Sons (musicothérapie) et des Couleurs (chromothérapie), sont également proposées à tout être humain désireux de vivre déjà mieux, dans l'Ere du Verseau, ce monde nouveau orienté vers l'Unité et la Fraternité. Il apparaît maintenant et on peut y participer simplement, naturellement en comprenant le sens de cette nouvelle civilisation ; elle naît !

A Toulouse

UN CENTRE ANTI-DOULEUR EN CRÉATION

La douleur est reconnue aujourd'hui comme étant un signal d'alarme ; son rôle consiste à nous faire prendre conscience d'un danger, ou d'un état négatif, nous entraînant ainsi à réagir. Avant d'être intégrée par l'organisme humain, elle va franchir trois étapes :

1°. D'abord sensation douloureuse véhiculée par les nerfs.

2°. Elle est ensuite transmise par la moëlle épinière et ainsi reconnue, localisée par l'individu.

3°. La souffrance, véritable résonnance émotionnelle et psychique, va intégrer trois zones du cerveau. Et la pensée de la peur qu'elle suscite joue là un rôle d'amplificateur ! Une véritable psychologie de la douleur existe maintenant, elle permet de la comprendre afin d'agir positivement pour s'en libérer.

Préoccupation éternelle de l'homme et de la femme, les douleurs sont aujourd'hui mieux connues des chercheurs. Ils savent que la majorité d'entre elles sont d'ordre psychosomatique. Ne plus souffrir est le vœu de millions d'être humains atteints par des malaises ou des maladies très diverses, certaines, de plus en plus répandues, étant dites de "civilisation". Aider à cerner des phénomènes étrangers, souvent iatrogènes (dus aux médicaments allopathiques), apprendre des techniques claires, simples, mais précises, utiliser des moyens NATURELS pour trouver un soulagement rapide et durable, c'est ce que va proposer le CENTRE ANTI-DOULEUR DE TOULOUSE.

Plus l'individu avance dans la vie, plus il est SENSIBLE aux influences de sa race, de sa culture, de sa religion (ou philosophie), plus les différences de tolérance à la douleur s'accentuent. Des méthodes très nouvelles, des thérapies naturelles, une médecine douce permettent de faire disparaître les sensations douloureuses, en activant par exemple les sécrétions d'endorphines (morphine disponible dans le cerveau). Et l'accouchement sans douleur, bien connu du public, a démontré la capacité d'intervenir sur ce phénomène.

Par une respiration appropriée, avec des pressions digitales (DIGITOPUNCTURE) sur certains points précis du corps, la relaxation tranquillisante et réorganisatrice de la SOPHROLOGIE, l'apaisement émotionnel de la MUSICOTHERAPIE, l'apport de qualités reconstituantes que comporte la CHROMOTHERAPIE, il est réellement possible d'intervenir positivement sur la douleur physique et la notion de souffrance. Cette dernière fait partie du contenu de la conscience humaine. C'est l'émotion, l'anxiété, l'angoisse ou la peur traumatisante qui, dans les maladies psychosomatiques (influence du psychisme sur le corps physique), créent les sensations douloureuses, entraînant des troubles sur l'une des parties souvent fragiles par hérédité. Puis, il y a l'HOMEOPATHIE, dont l'efficacité reconnue est également très utile ; et surtout, elle ne comporte pas d'effets secondaires dangereux, contrairement à l'allopathie.

Le CENTRE offrira des stages, des possibilités de séjour dans un hôtel calme et agréable, une formation permanente afin de lutter efficacement contre le stress, la douleur et la souffrance, résultats d'une mauvaise intégration de l'énergie dans l'organisme. L'équilibre nerveux, émotionnel et mental devient indispensable ; il dépend du lien harmonieux à établir entre l'Homme et l'Univers.

Notre Association "LES TROIS SOLEILS" a déjà de nombreux adhérents ; de plus, elle a réuni des personnes compétentes pour animer ces diverses disciplines dans le Centre.

Pourquoi ce nom ? Simplement parce que nous pensons que l'être humain, pour aborder "l'Ere Nouvelle" qui arrive, a besoin, bien sûr, du soleil PHYSIQUE (source de toutes vies), mais aussi de celui du CŒUR, sans oublier l'essentiel, celui de la VIE dans son aspect supérieur, c'est-à-dire spirituel.

Voulez-vous, pouvez-vous nous aider à réaliser cela ?

ASSOCIATION "LES TROIS SOLEILS"
47, rue Franz Schubert, 31200 Toulouse
Tél. 61.62.56.47

BIBLIOGRAPHIE

– **Guérison Ésotérique et**

– **Psychologie Ésotérique** (plusieurs volumes).
Alice A. Bailey - Éd. Lucis et Ass. Bonne Volonté,
1, rue de Varembé - 1211 - Genève - 20

– **Approche Mentale de la Hiérarchie Spirituelle de la Planète**
Groupe Salvin - Chemin des Pinèdes - 83490 Le Muy

– **Psychosynthèse**
Dr. R. Assagioli - Éd. Épi

– **Les Sons et l'Énergie Humaine**
J.T. Zeberio - Le Courrier du Livre

– **Médecine Anthroposophique**
Dr. V. Bott - Triades Éd.

– **Le Training Autogène**
J.H. Schultz - Presses Universitaires de France

– **Progrès en Sophrologie**
Pr. Caycedo - Éd. Emege - Barcelone

– **La Radiesthésie médicale**
R.P. Jurion - Sodopré - Paris

– **L'âme et l'Écriture**
Ania Teillard - Éd. Traditionnelles

– **Initiation à la pratique de l'Homéopathie**
Dr. P. Quentin - Maloine Éd.

– **Acupuncture (sans aiguille) : Acupressing**
Dr. J.P. Poujol - Éd. Ecodif

– **Réincarnation et Karma**
Annie Besant - Éd. Adyar

– **Méditations de la Bonne Volonté Mondiale**
1, rue de Varembé
1211 - Genève - 20

TABLE DES MATIERES